清·王铎墨迹选

中国书法名碑名帖原色放大本

胡紫桂 主编

湖南美术出版社

图书在版编目（CIP）数据

清·王铎墨迹选 / 胡紫桂主编. —长沙：湖南美术出版社，2015.6

（中国书法名碑名帖原色放大本）

ISBN 978-7-5356-7291-9

Ⅰ. ①清… Ⅱ. ①胡… Ⅲ. ①汉字－法帖－中国－清代 Ⅳ. ①J292.26

中国版本图书馆CIP数据核字(2015)第160371号

清·王铎墨迹选

（中国书法名碑名帖原色放大本）

出 版 人：李小山

主　　编：胡紫桂

副 主 编：成　琢　陈　麟

编　　委：冯亚君　邹方斌　倪丽华　齐　飞

责任编辑：成　琢　邹方斌

责任校对：徐　晶

装帧设计：造书房

版式设计：彭　莹

出版发行：湖南美术出版社

（长沙市东二环一段622号）

经　　销：全国新华书店

印　　刷：成都市金雅迪彩色印刷有限公司

开　　本：889×1194　1/8

印　　张：8.5

版　　次：2015年6月第1版

印　　次：2016年7月第2次印刷

书　　号：ISBN 978-7-5356-7291-9

定　　价：40.00元

邮购联系：028-85980670　邮编：610000

网　　址：http://www.arts-press.com/

电子邮箱：market@arts-press.com

联系电话：028-84842345

王铎（1592—1652），字觉斯、觉之，号嵩樵、石樵、十樵等，别署『烟潭渔叟』。河南孟津人，故亦有『王孟津』之称。王铎于明天启二年（1622）中进士，授翰林院庶吉士。崇祯十一年（1638）晋升詹事，随后又任礼部右侍郎兼翰林院侍读学士、经筵讲官等职。崇祯十七年（1644），顺军攻克北京，帝自缢于煤山，福王称帝南京，王铎亦任东阁大学士。次年，清军兵临南京，王铎与礼部尚书钱谦益等率文武百官出城投降。清顺治九年卒，谥『文安』。乾隆朝夺其谥号，并将其列入『贰臣』。王铎的命运归宿正如他生前的预言：『我无他望，所期后日史上，好书数行也。』

王铎书法自谓『独宗羲献』，中进士后曾与倪元璐、黄道周相约攻书。倪学苏，黄学钟，王则学王羲之。在『二王』书法的基础上，王铎又兼习李邕、颜真卿、米芾诸家之法。于米书下力尤甚，因为在他看来：『米芾书本羲献……深得《兰亭》法……』

王铎的出现为晚明『二王』书风的承传与诠释确立了新的典范。首先，他完美地解决了小字扩大所带来的诸如笔画简单、笔力怯弱等技法问题，下笔大字如小字，锋势全备，笔力强健，沉着痛快，笔画饱满，线条遒劲；其次，小字的展大势必导致审美点由细微笔法的变化转向对整体气势的把握，因此字法和章法便显得更为重要。王铎书法吸收李邕、米芾等欹侧取势的结字方法，并创造性地运用涨墨效果，其书法整体营造出了虚实对比、欹正相生的强烈视觉形式感，这种形式感也成为明清书法的时代图式。

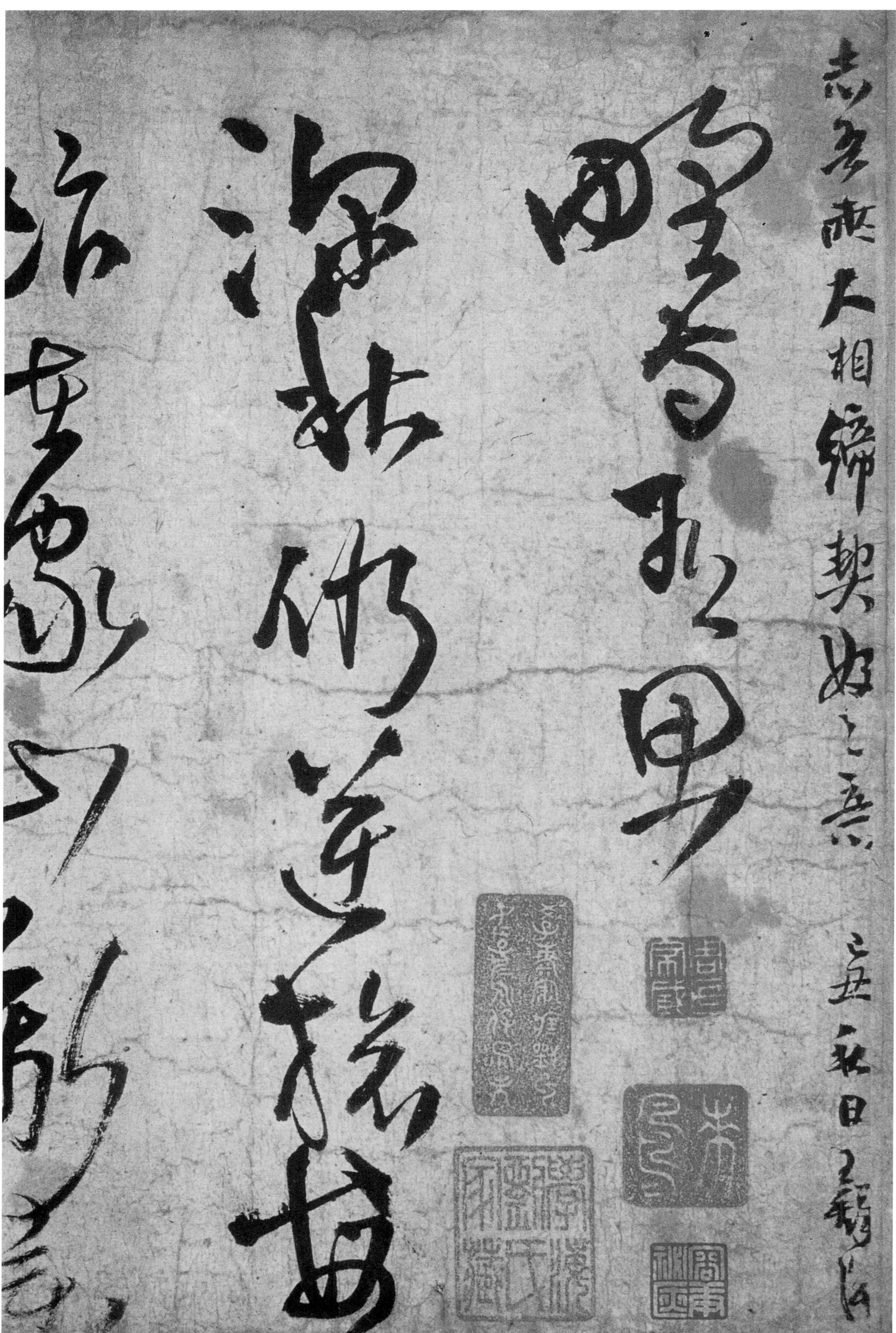

（《草书诗卷》）

志吾两人相缔契好之意。己丑秋日，王铎识。《野寺有思》深秋仍逆旅，每

饭在家山。斸药堪治病，翻经可闭关。乌嫌

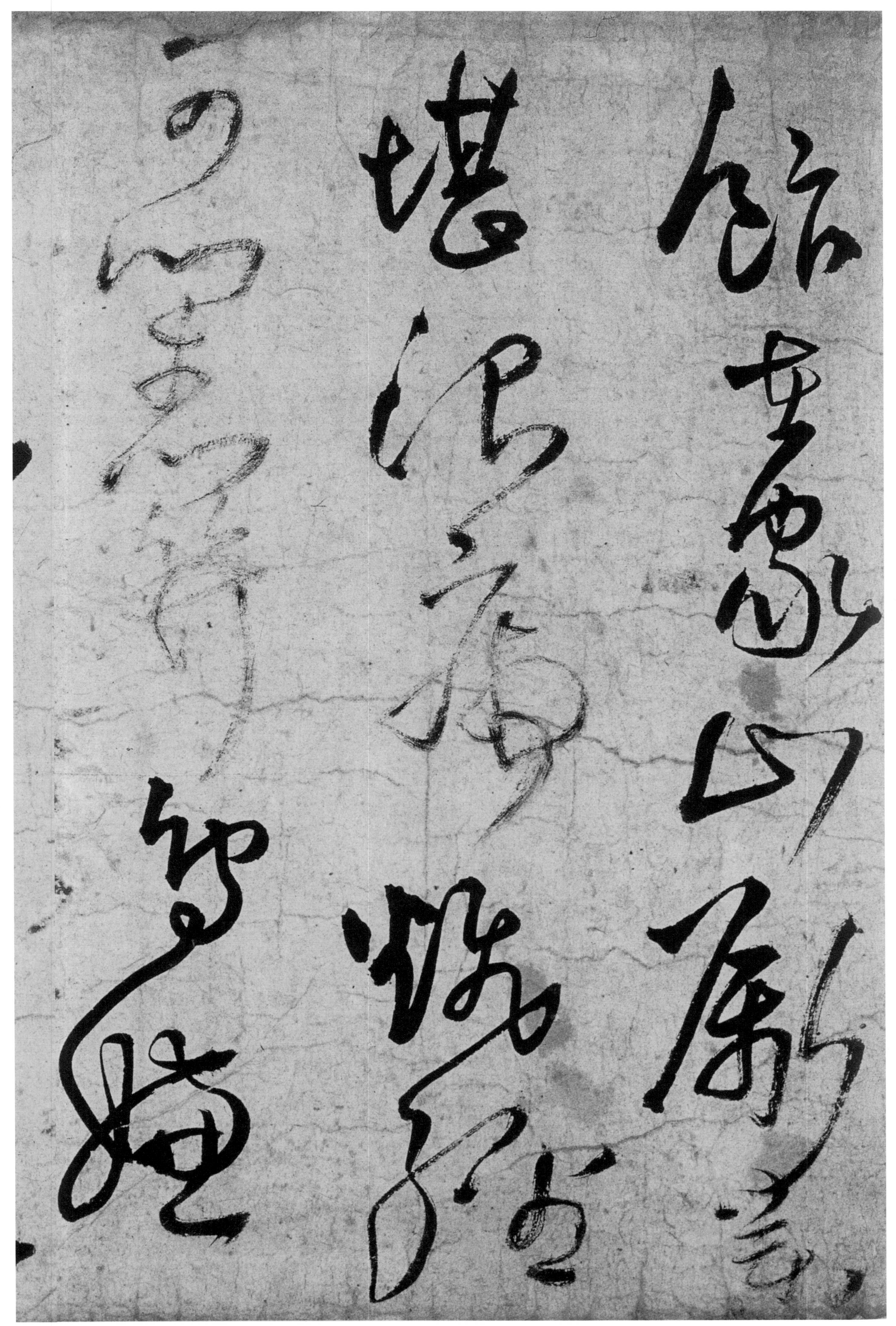

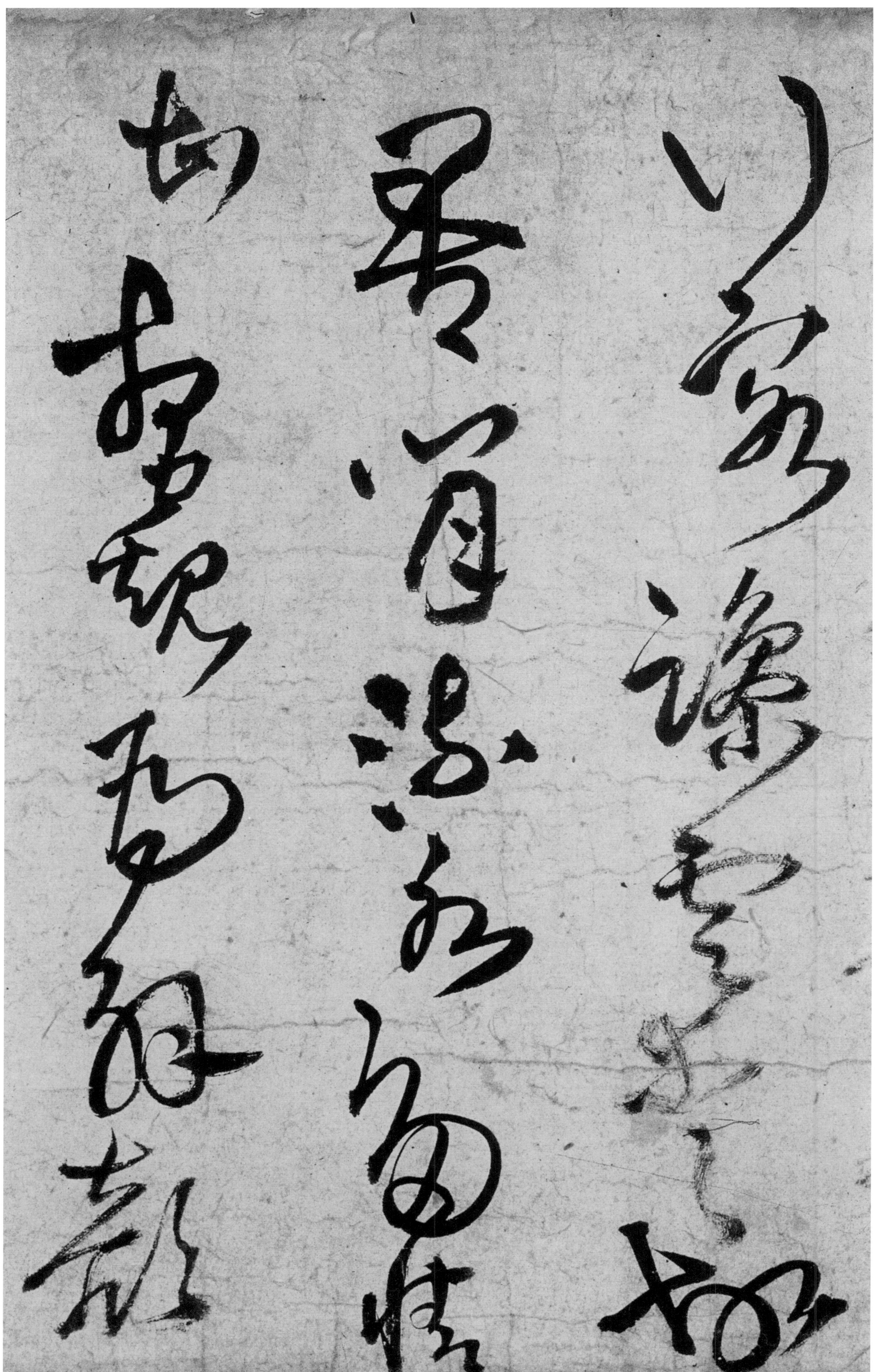

行客躁，云爱故吾闲。流水多情甚，相窥为解颜。

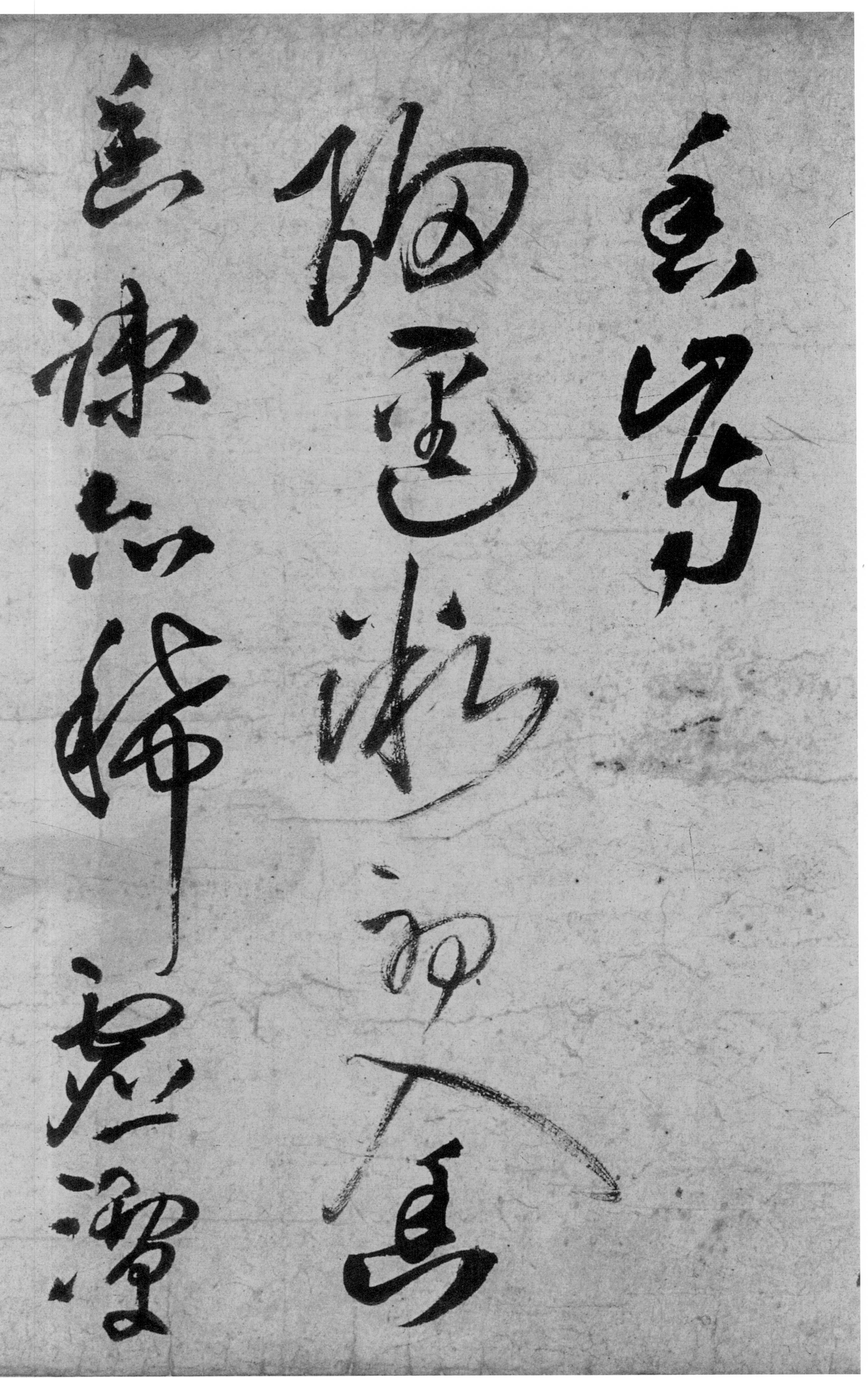

《香山寺》细迳（径）微初入，幽香疏亦稀。虚潭

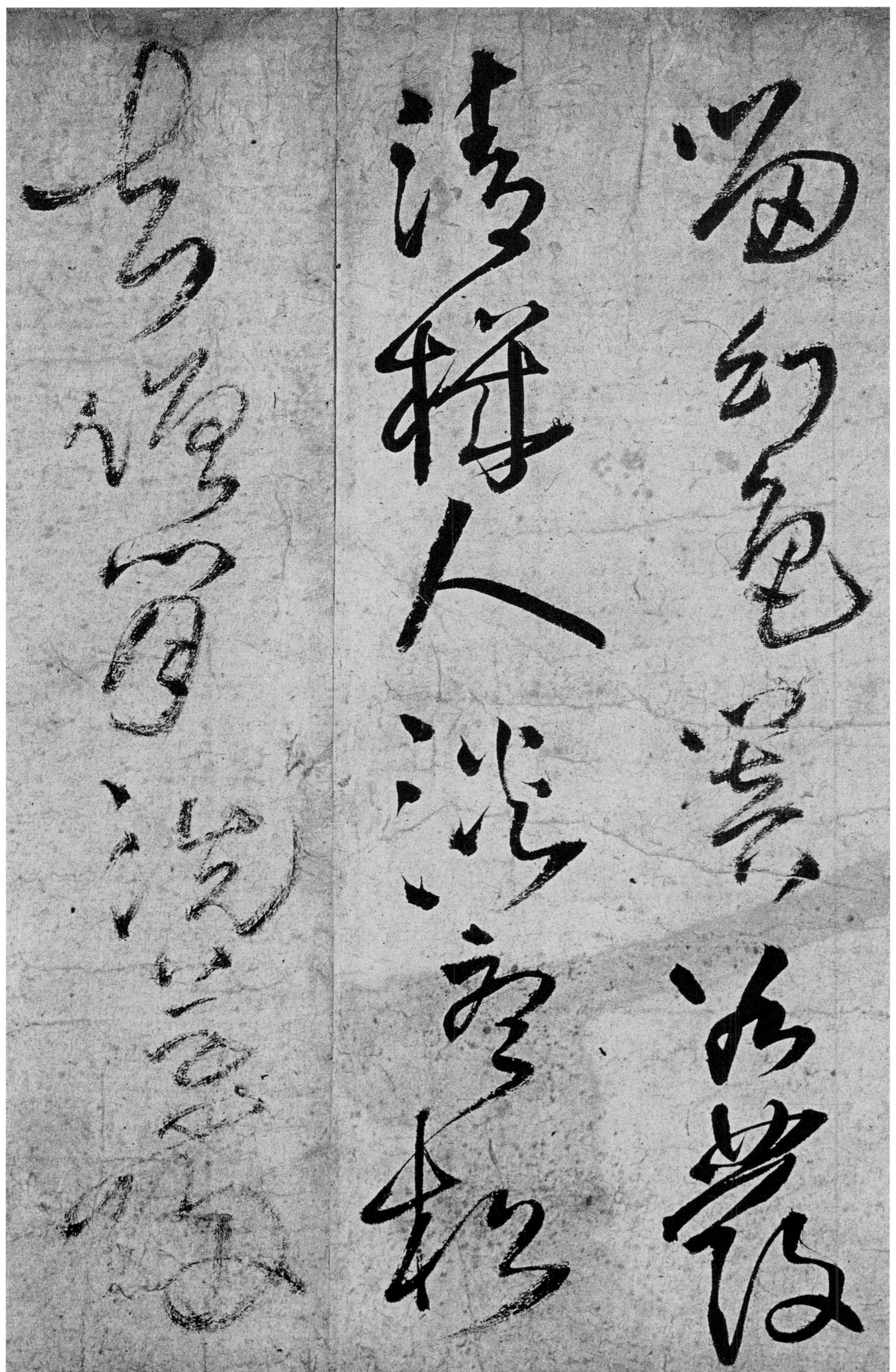

留幻色，暗谷发清机。人淡听松去，僧闲洗药归。

莫窥灵景外，漠漠一鸥飞。《入黄盖峰后

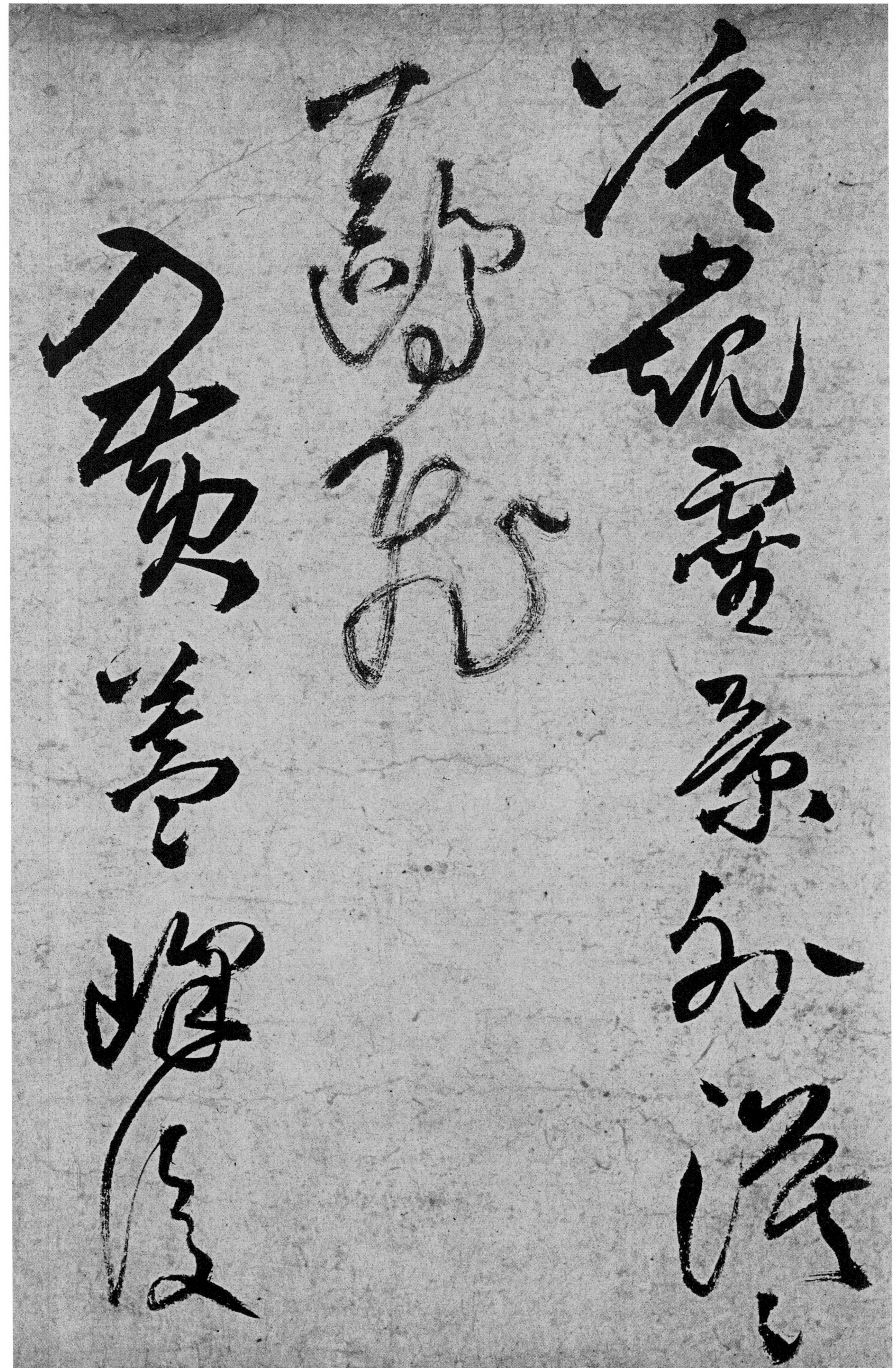

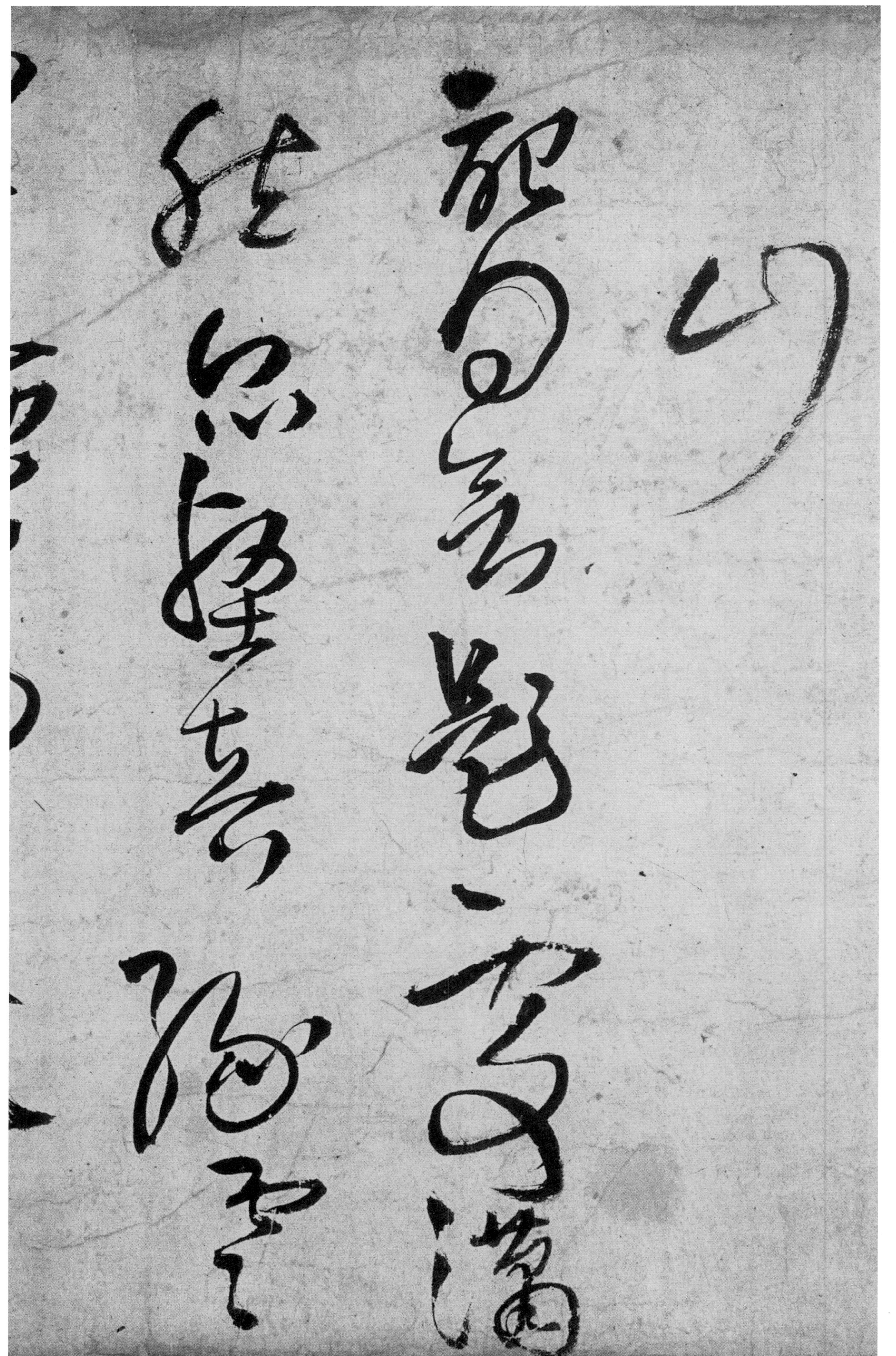

山》记得欲题处，潇然众壑音。缘云

开旷荡，履斗据高深。异鸟寻灵木，贞华

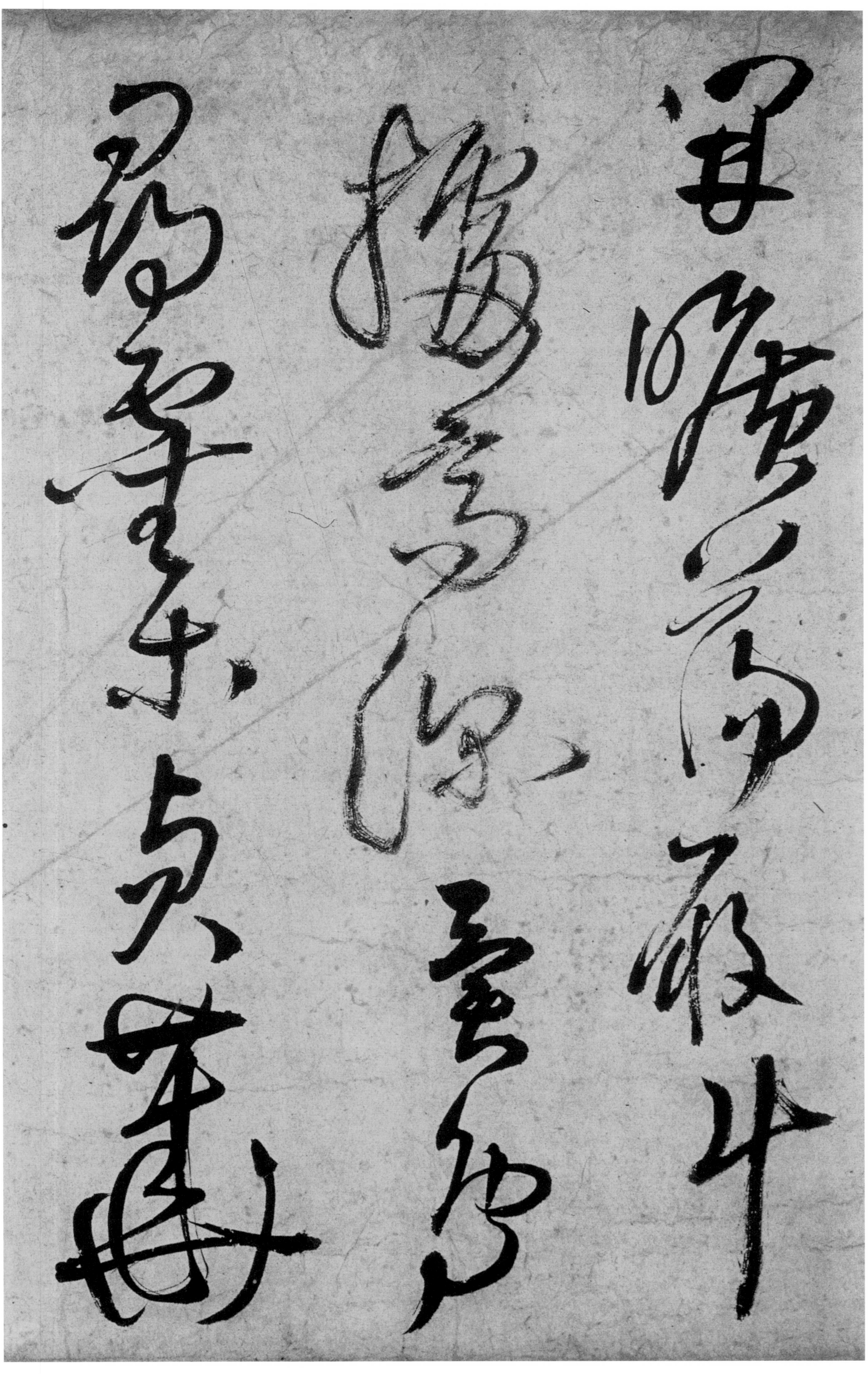

就古岑。樵青催客兴，余绿远沉沉。

《大店驿》旷莽田庐少，晦蒙短草枯。离

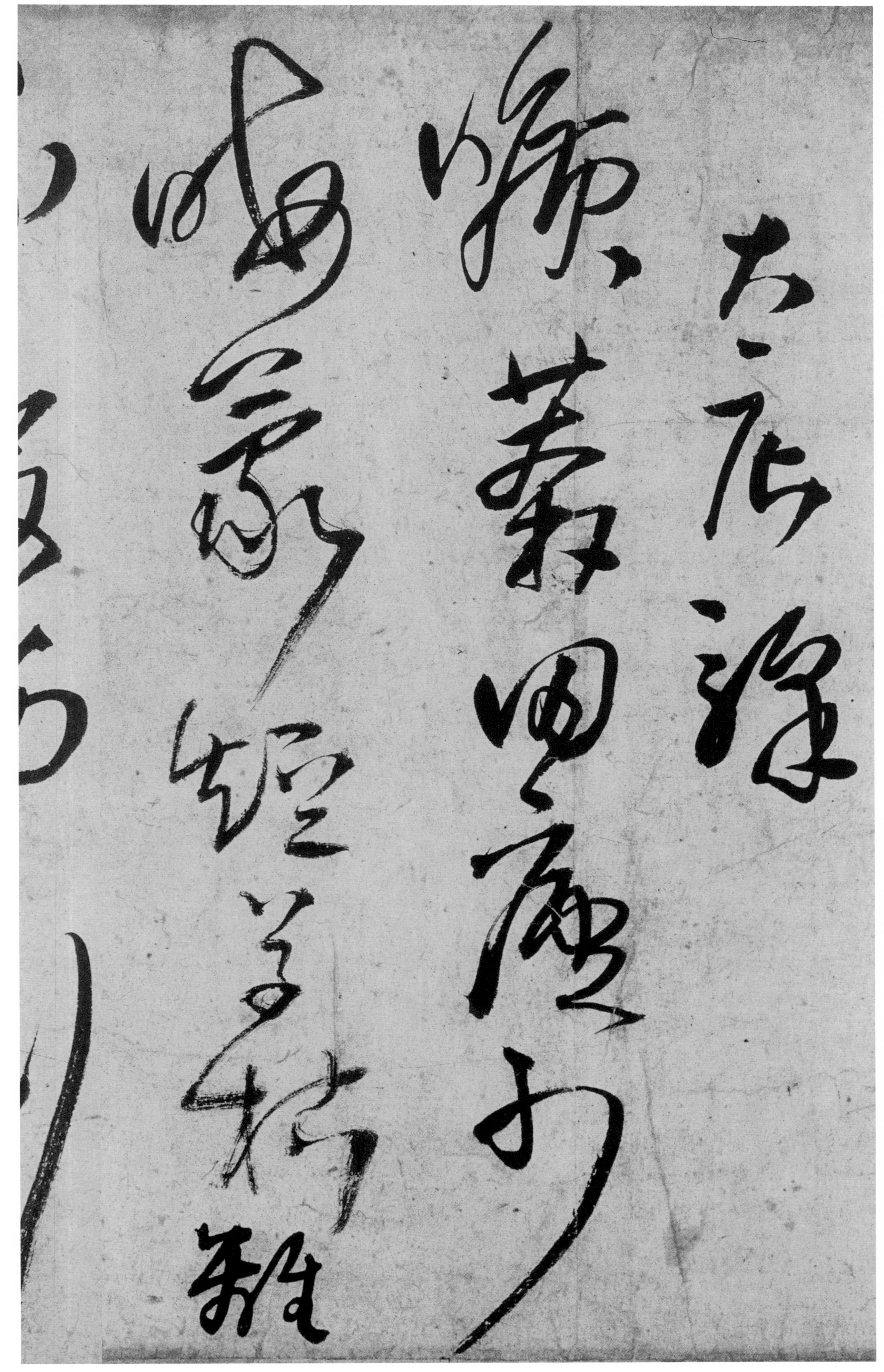

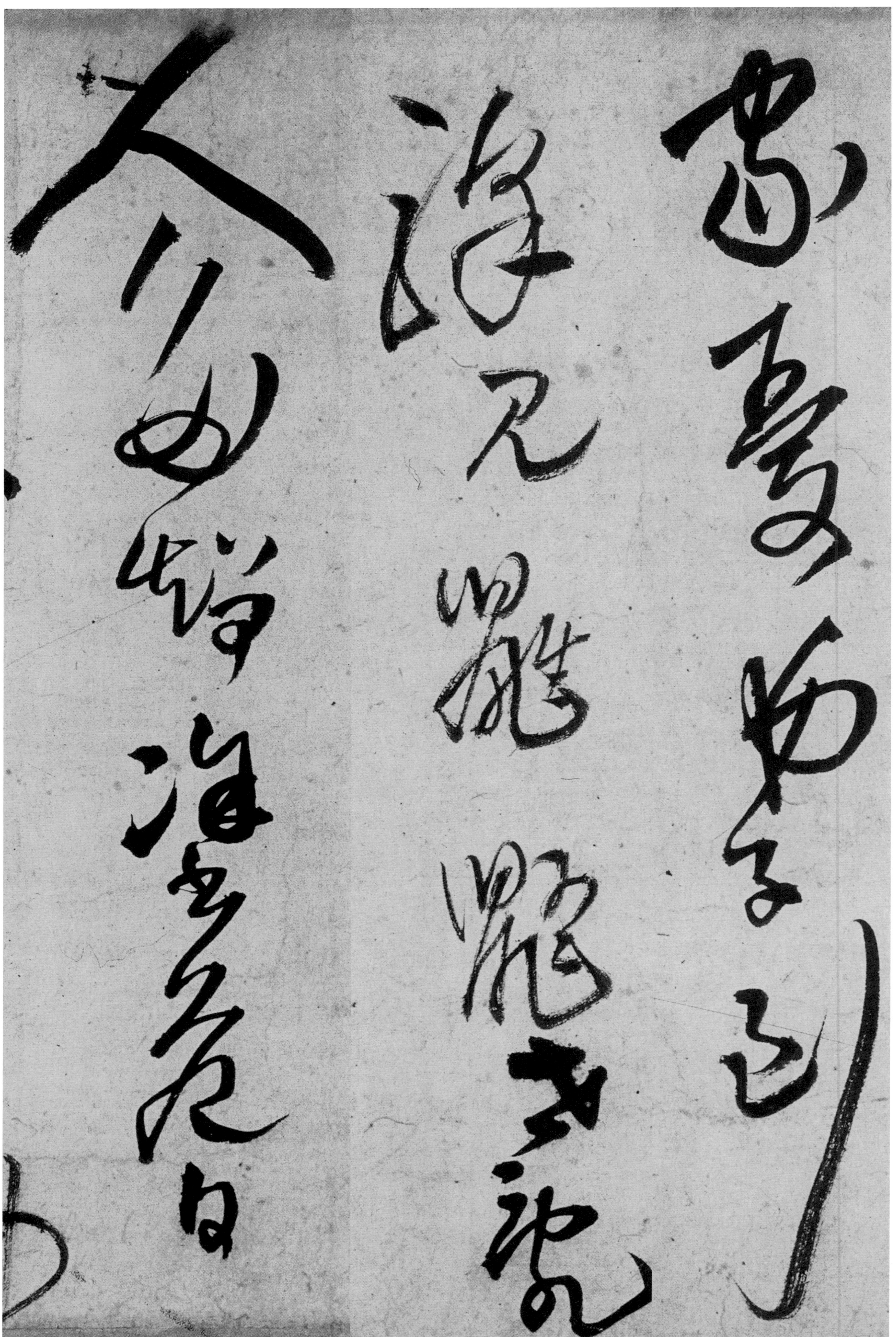

家忧弟子，到驿见鼪鼯。世乱人多智，涂危日

欲晡。坤维饶盗贼，屡屡冀西榆。

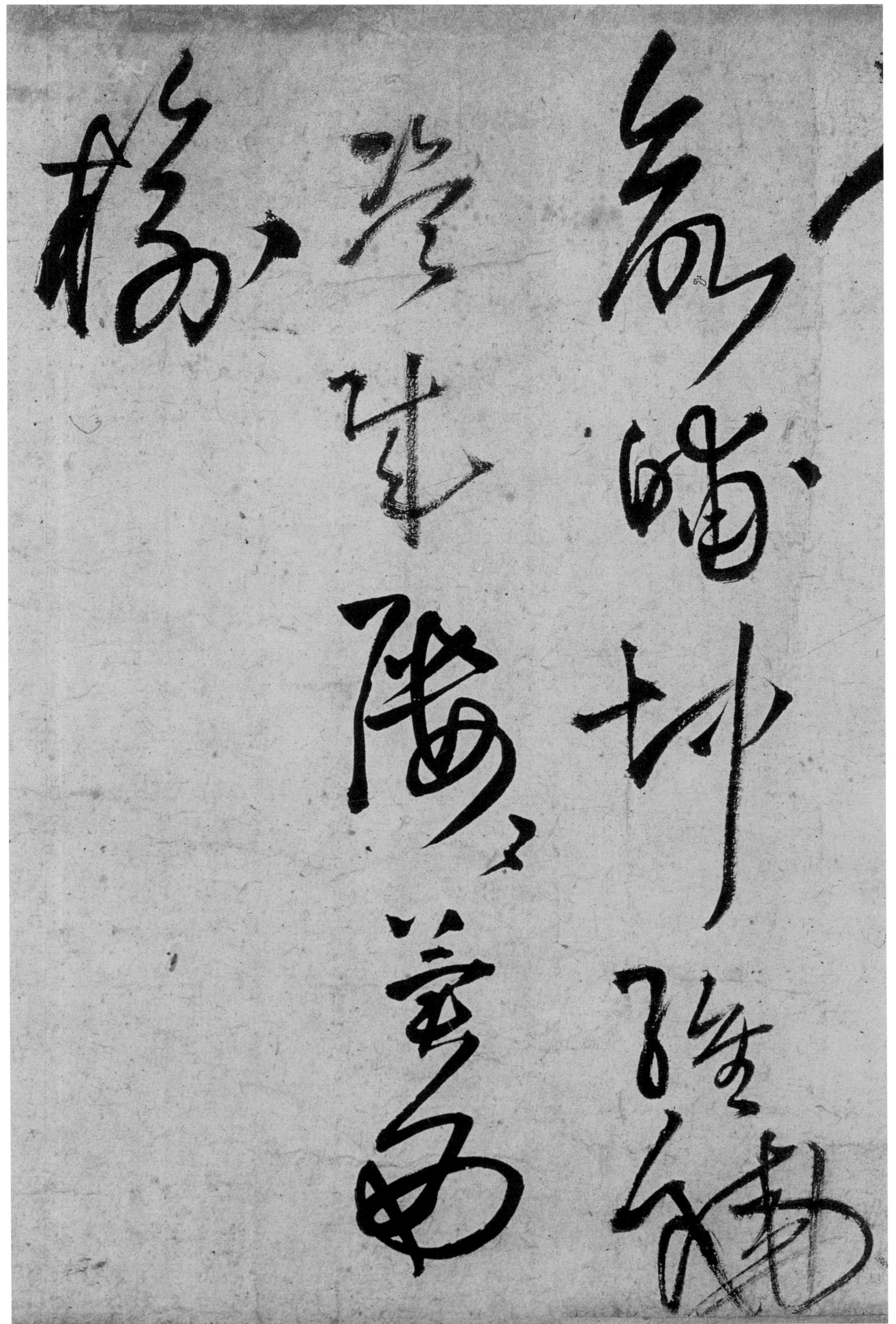

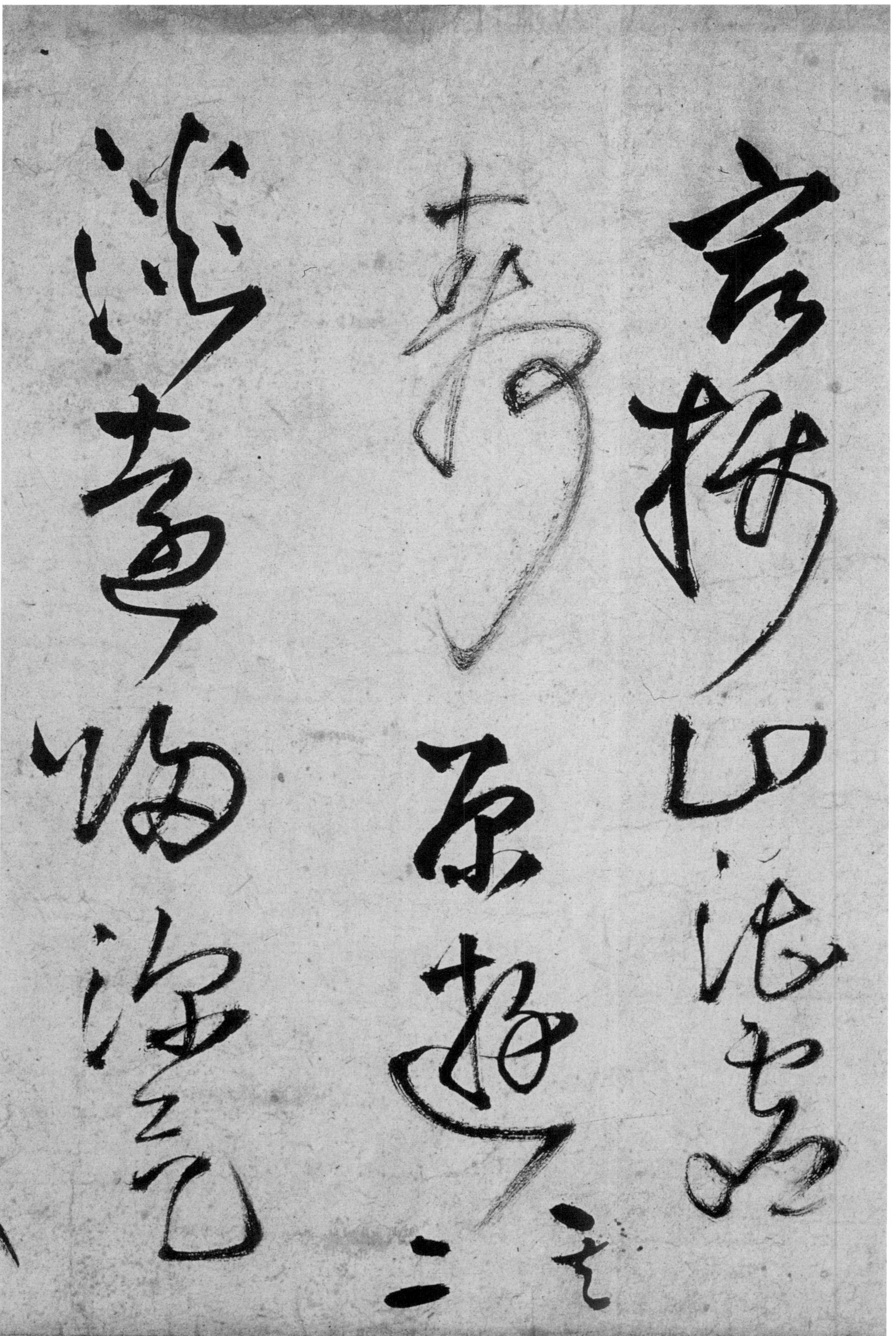

《宿摄山湛虚静原游其二》淡远归深气，

空山若有人。古云忽晦色，怪树各成秋。小酌凭

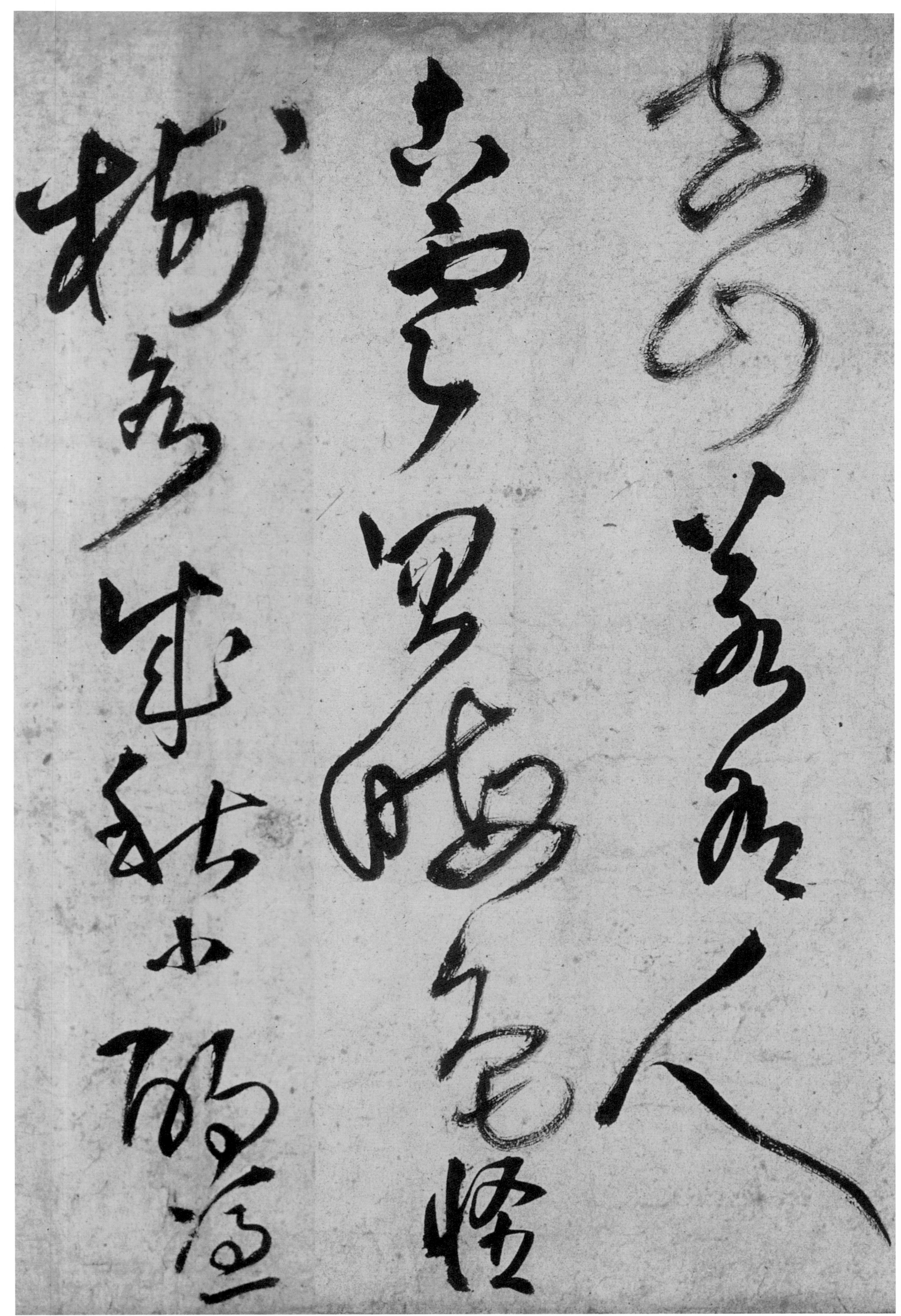

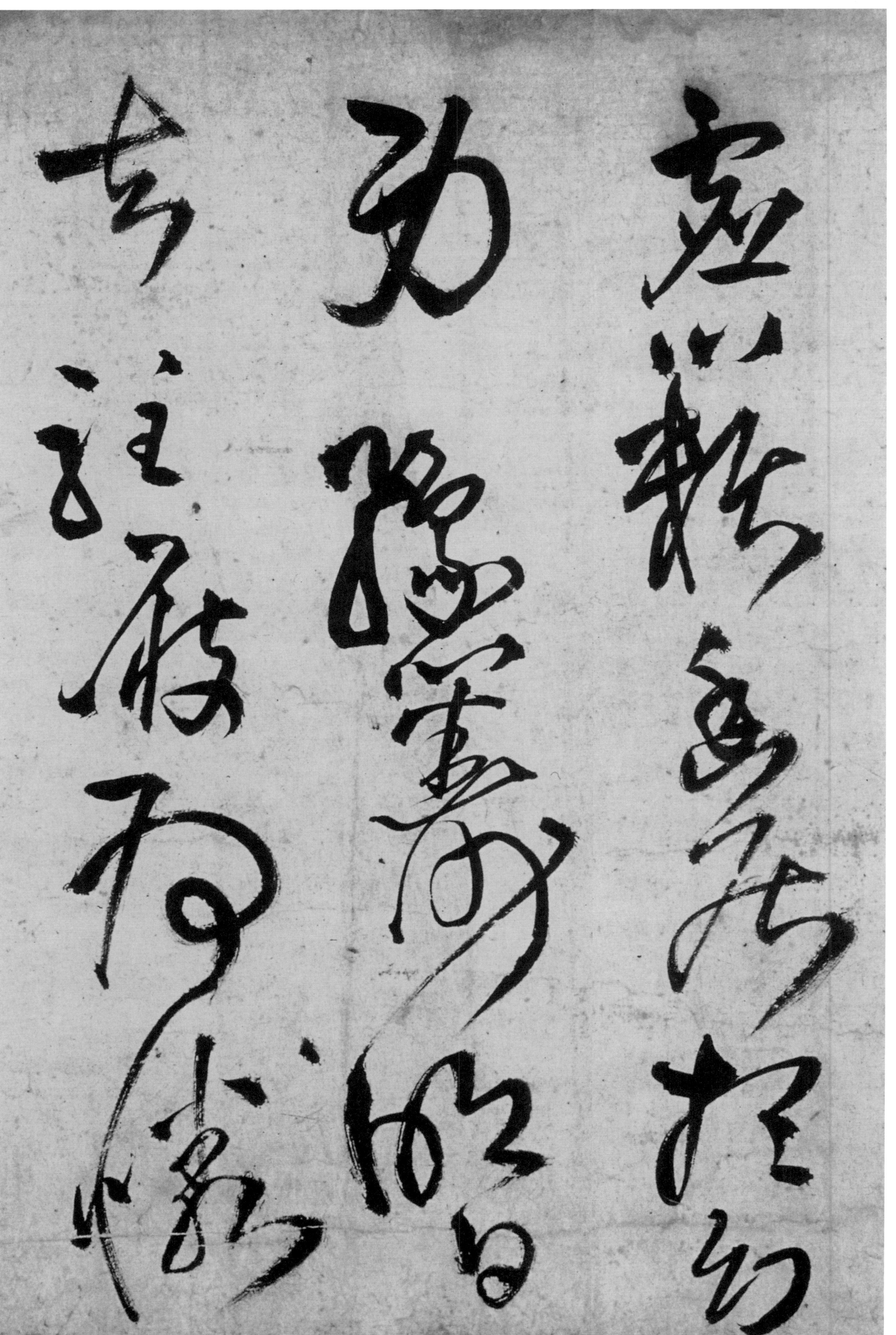

虚籁，幽居想幻身。豫筹明日去，驻屐为怜

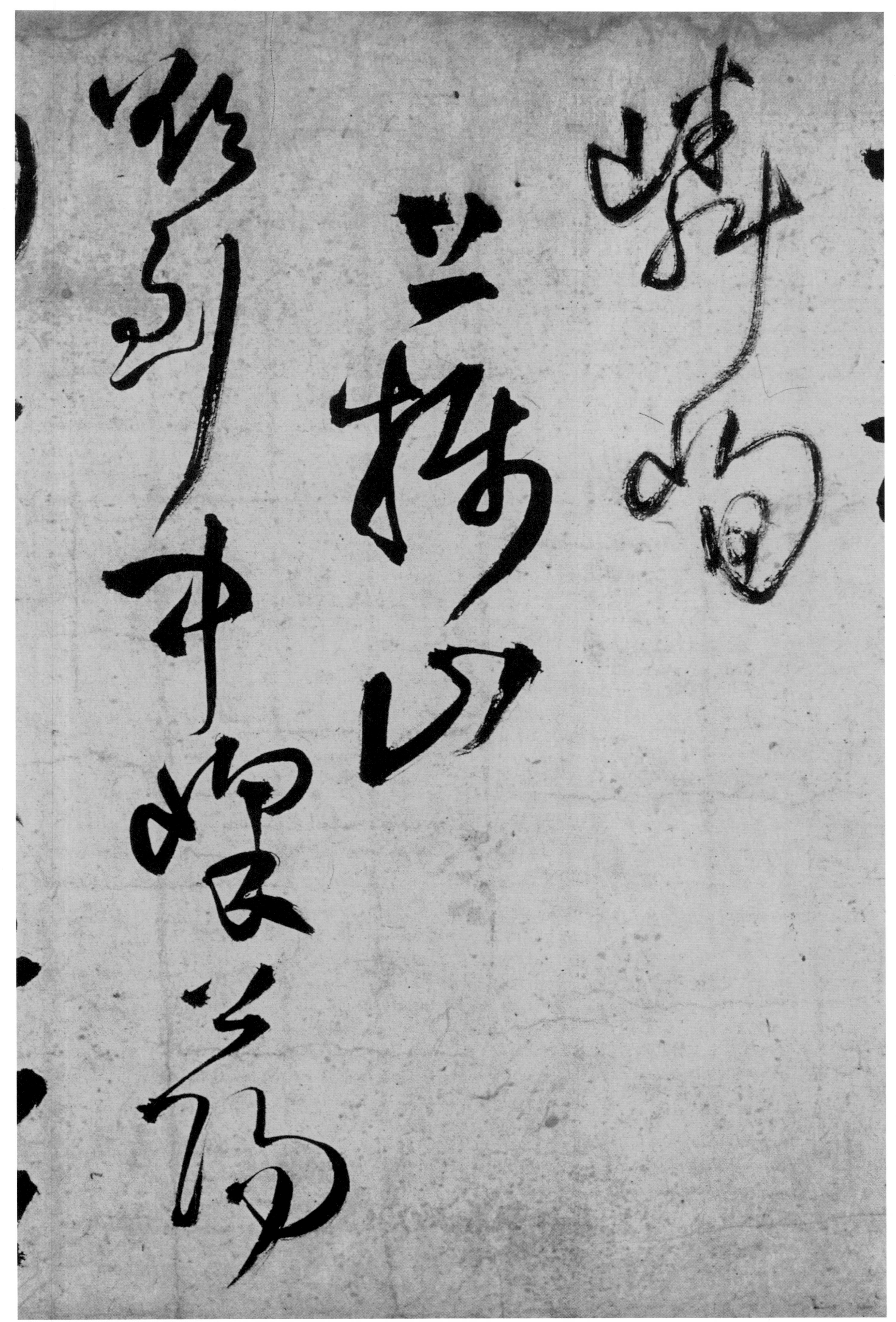

嶙峋。《上摄山》欲到中峰上，阳

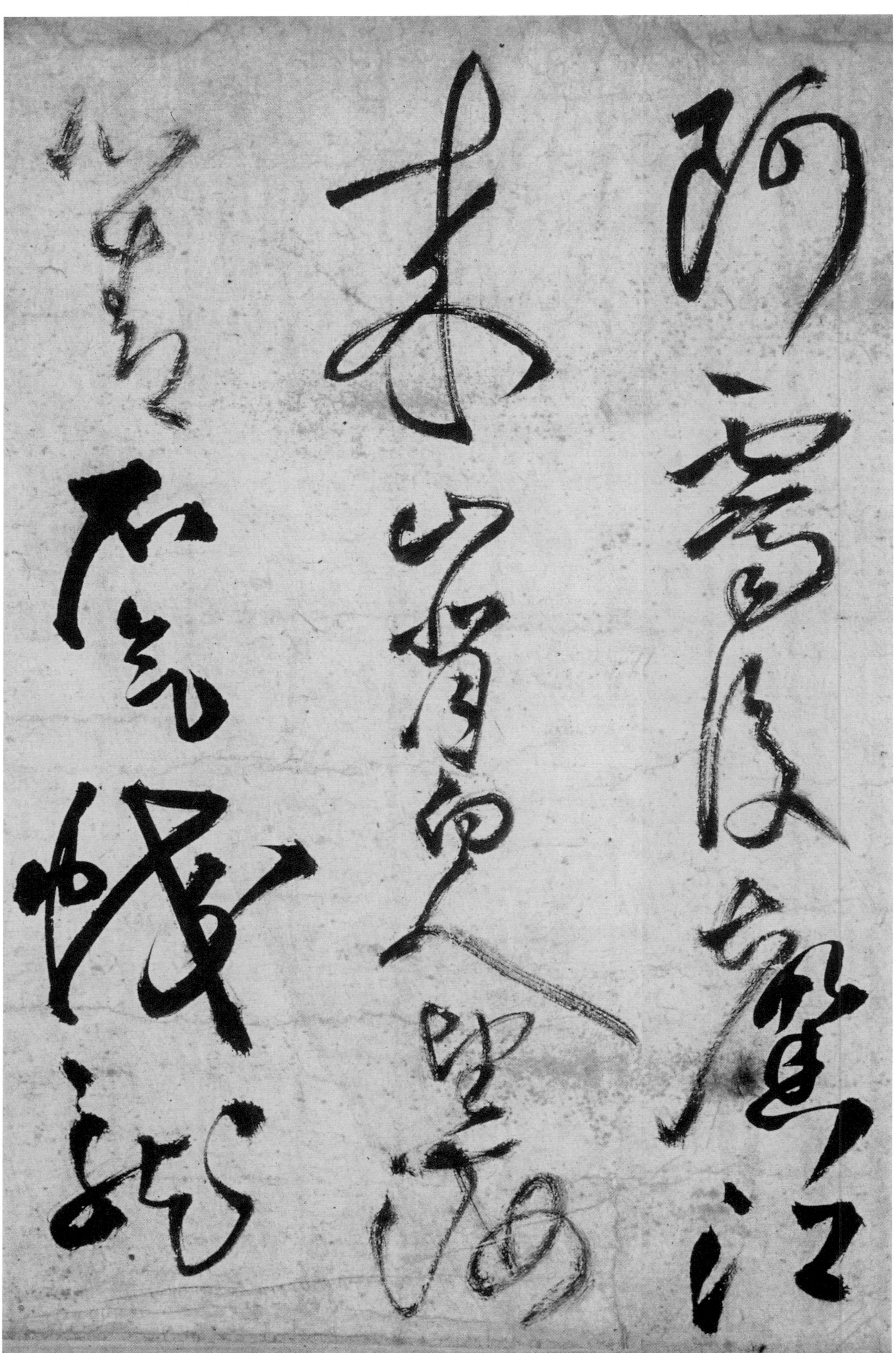

阿霁后馨。江来山背白，人望海心青。石气蛟龙

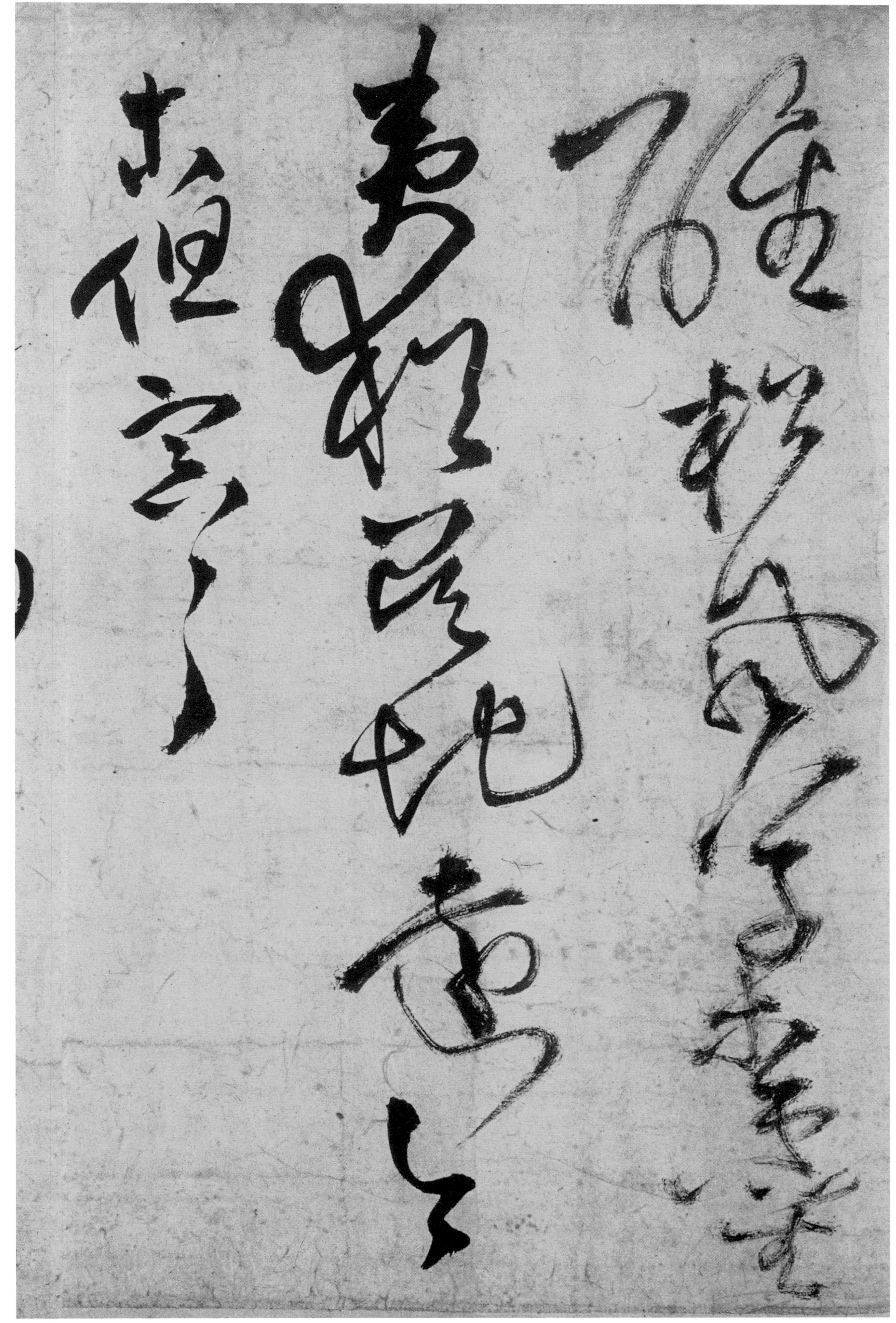

醒，松风草木灵。夷犹吴地远，今古但冥冥。

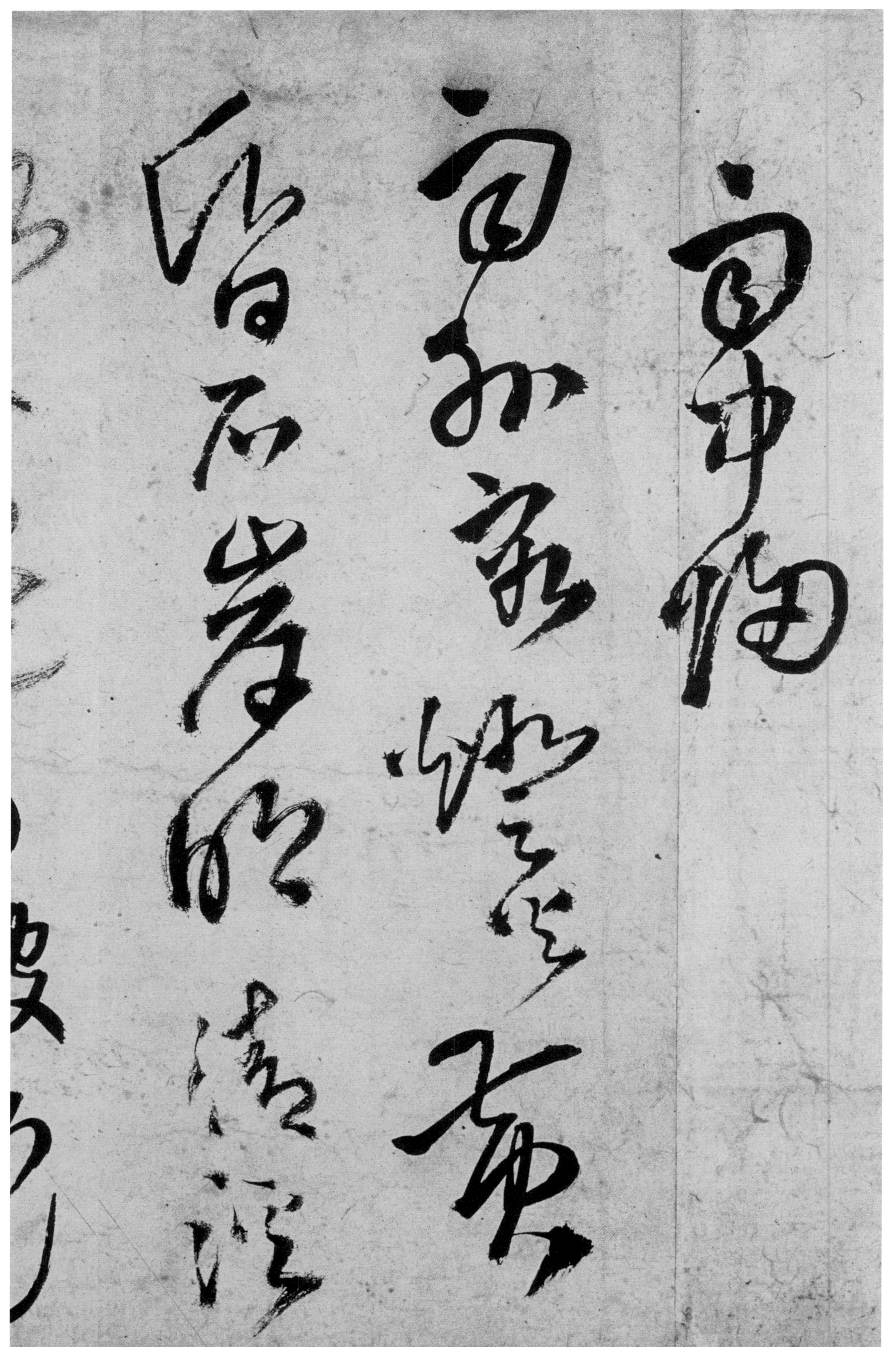

《雨中归》雨外容灯火，黄昏石岸明。清溪

路不尽，身被水光行。夜柝未闻响，众山皆益声。

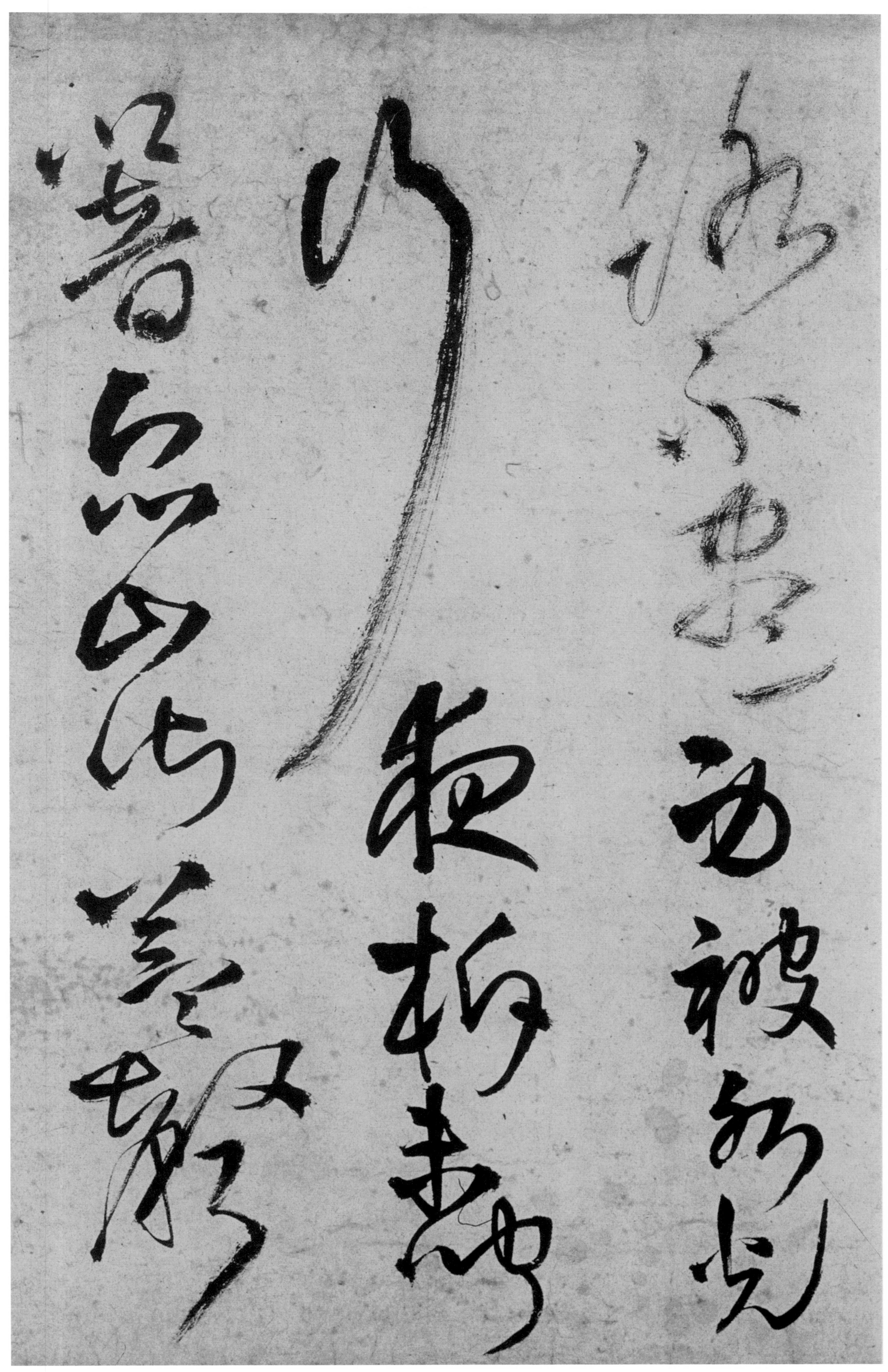

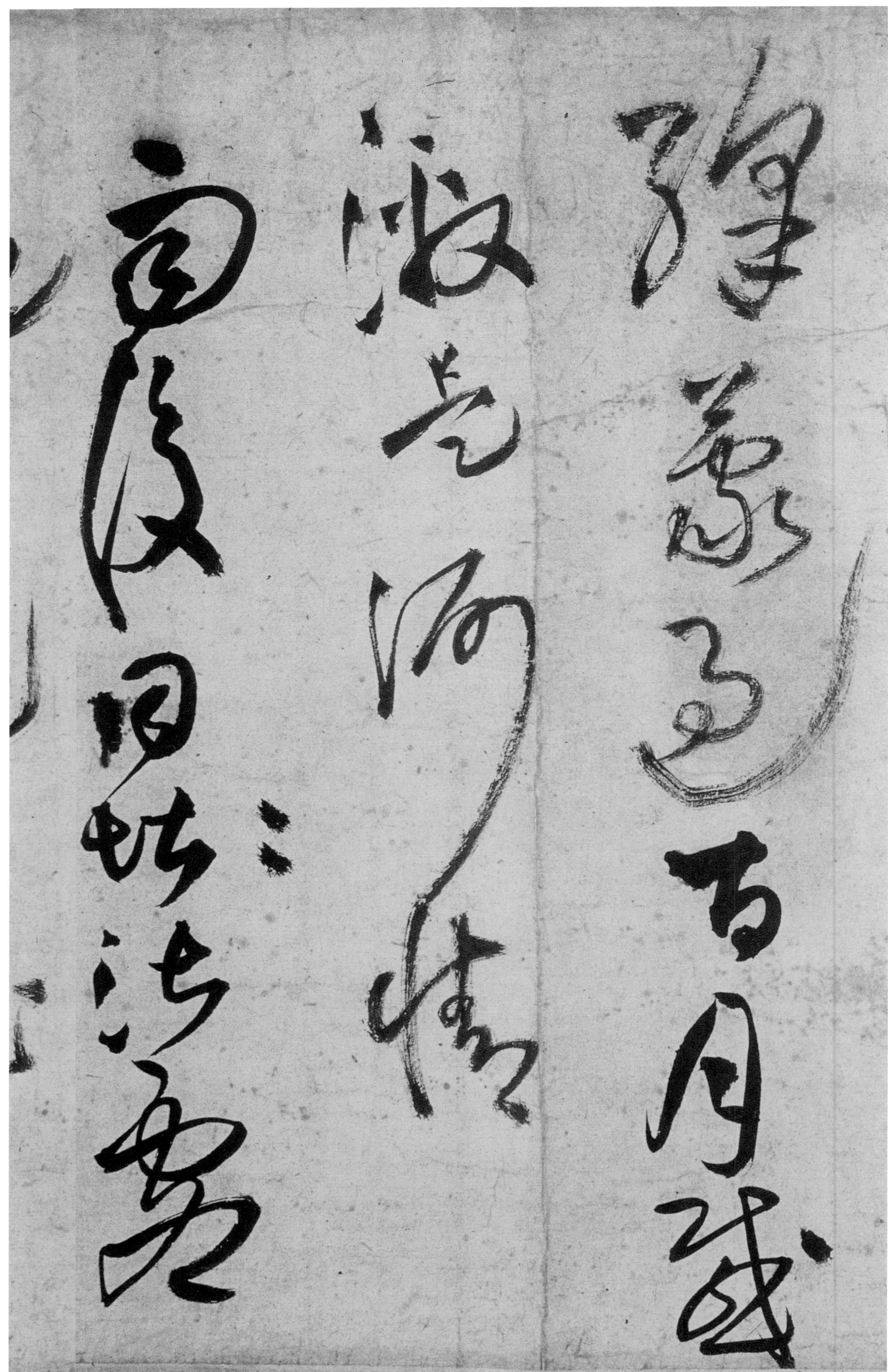

游江边古矶》颇美西江色，茫茫

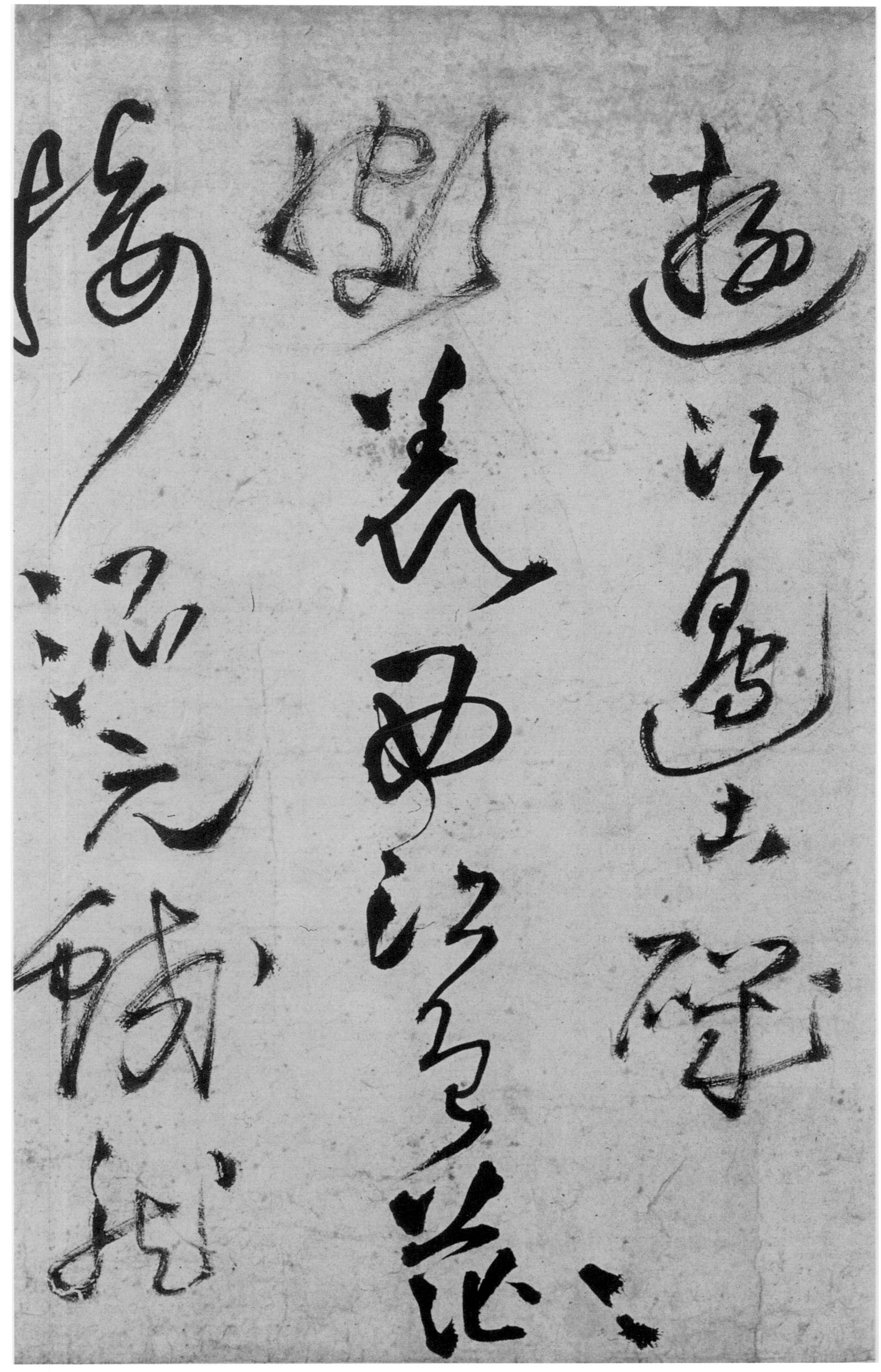

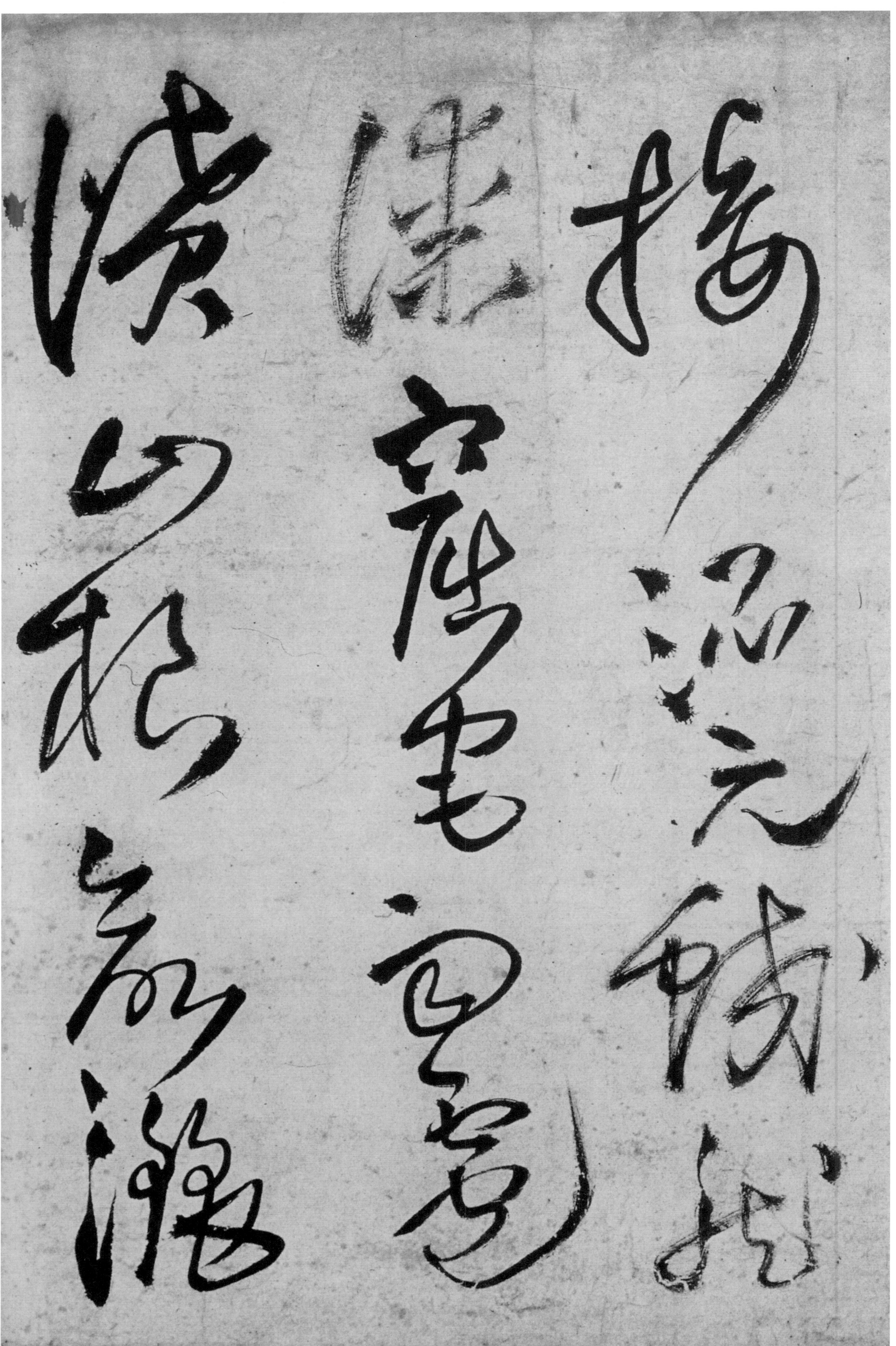

接混元。蛟龙谋窟宅，雨雹愤山根。欲洒

新亭泪，惧伤渔父魂。郁森感雰日，百虑

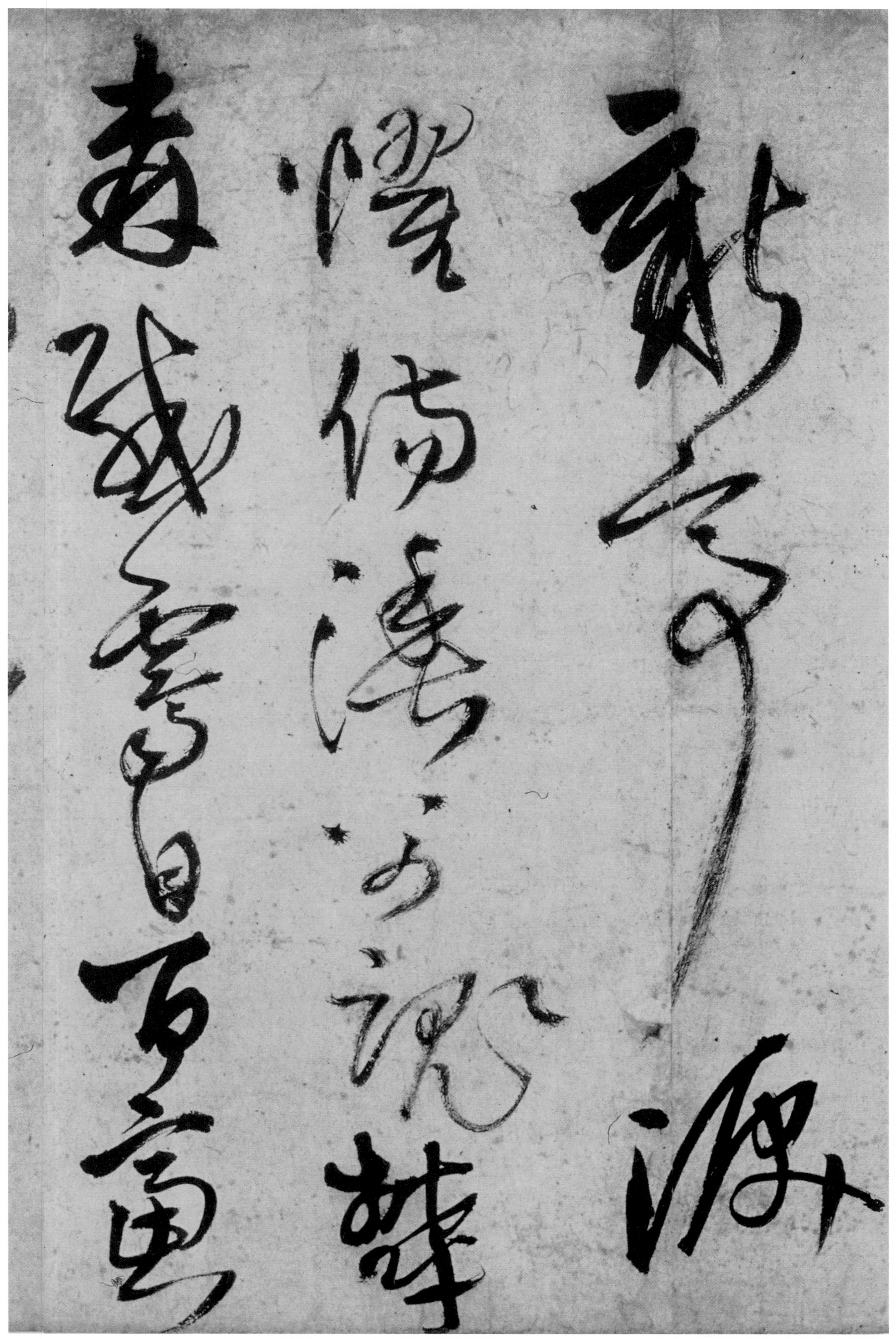

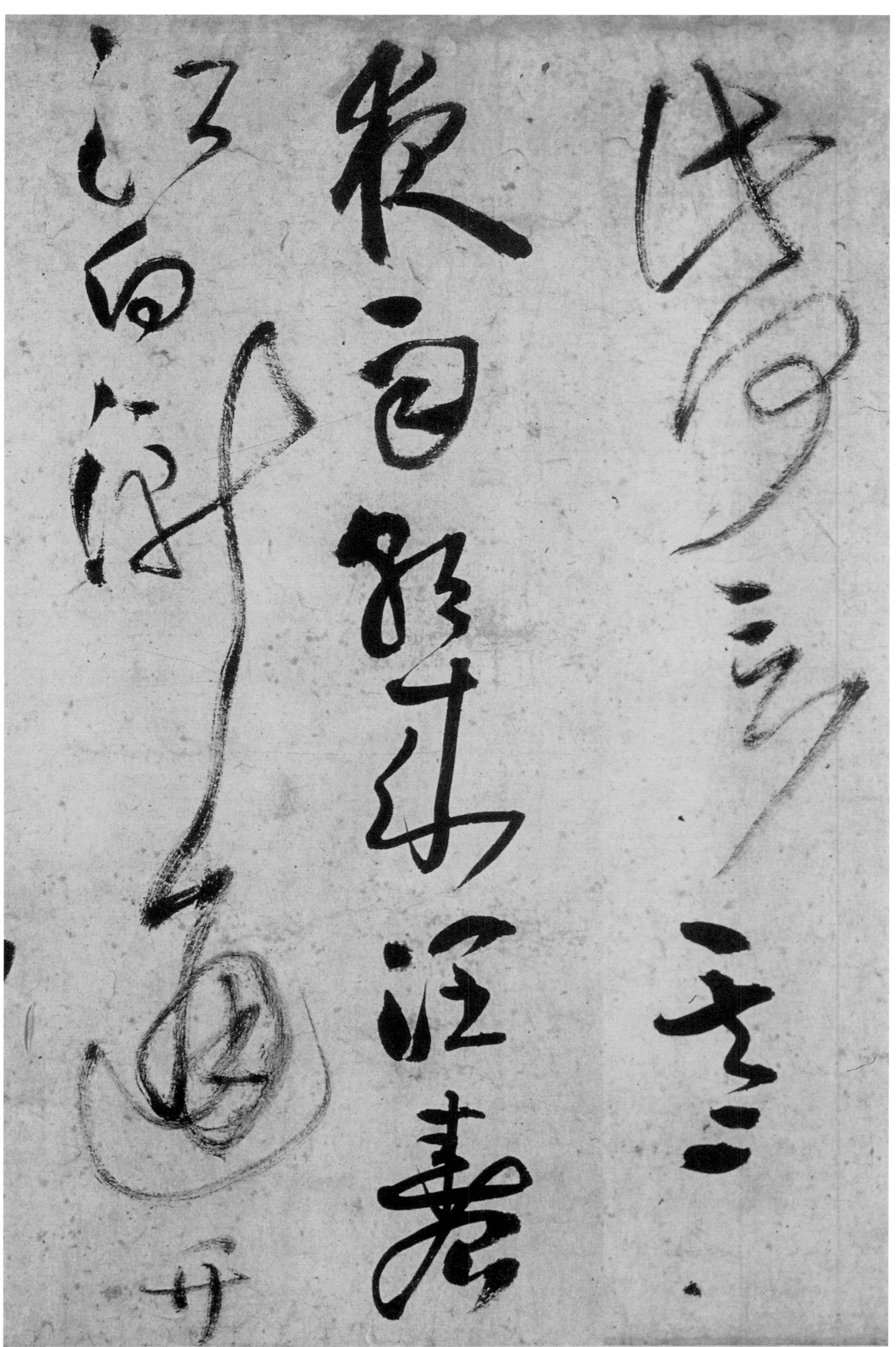

此何言？其二：夜雨朝来润，春江白渐通。竹

楼疑罨画，花石带洪濛。历历沙形阔，萧

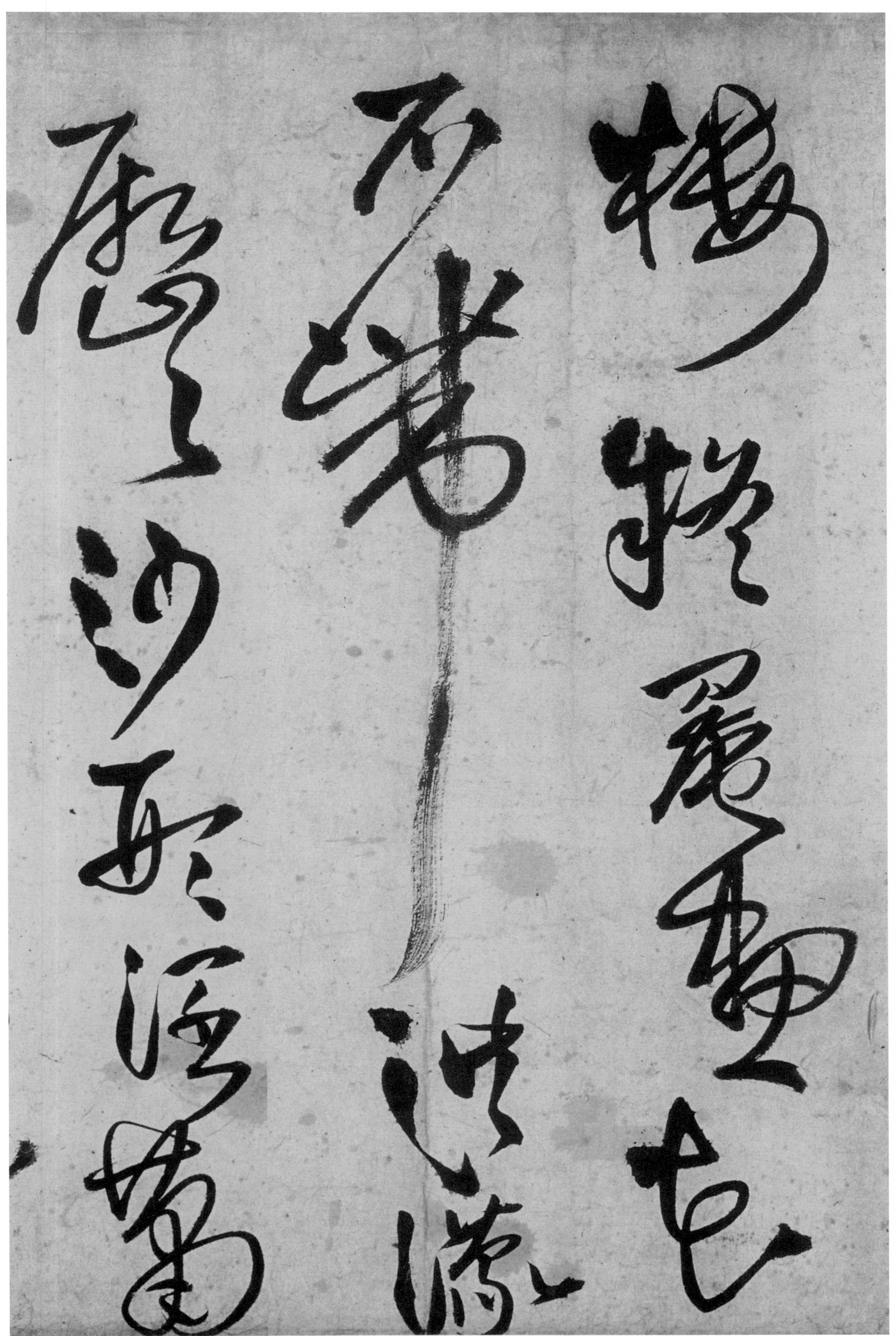

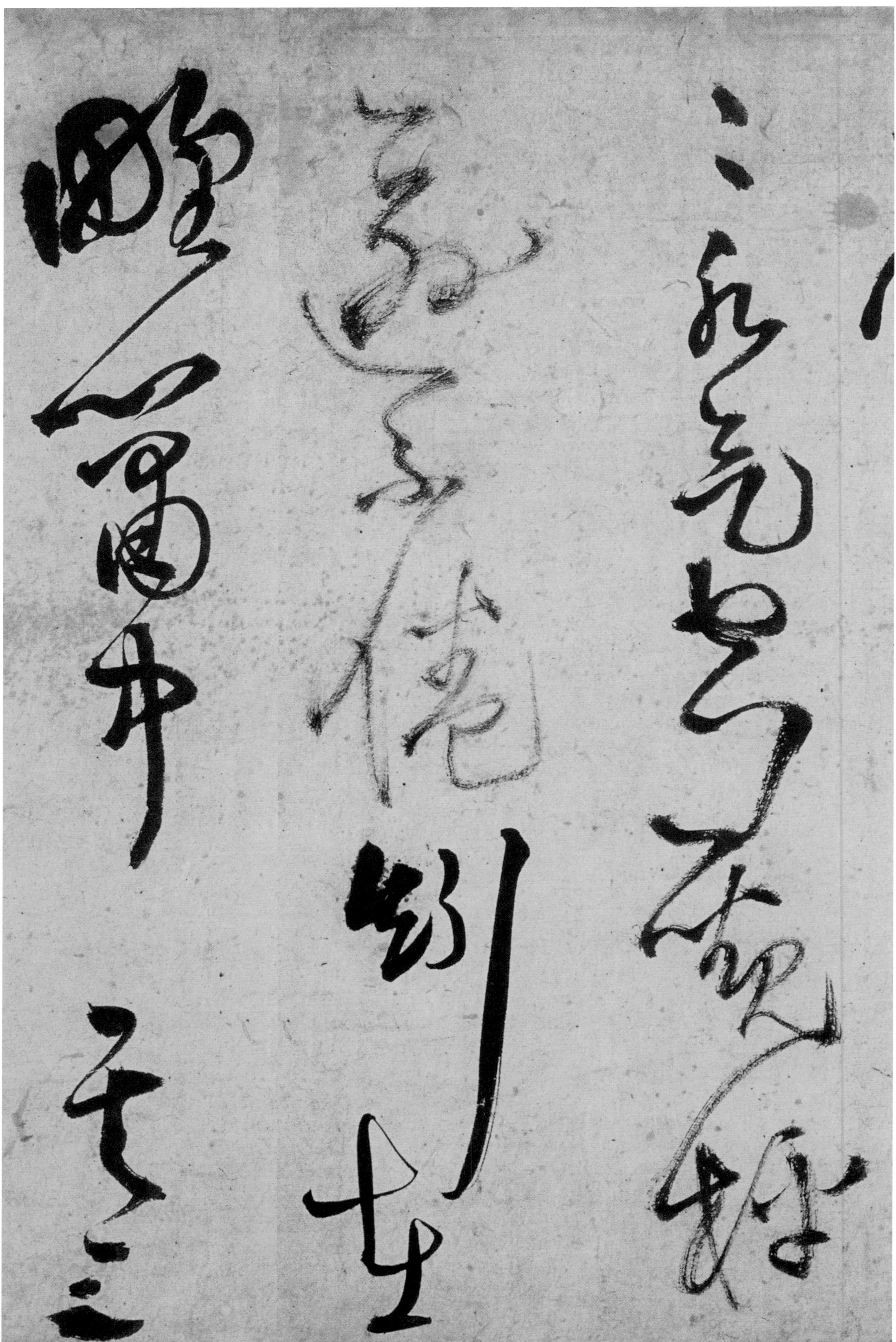

萧水气空。观枰逾不倦，矧在野箫中。其三：

共跻幽旷处，随兴履莓苔。远翠不时现，好

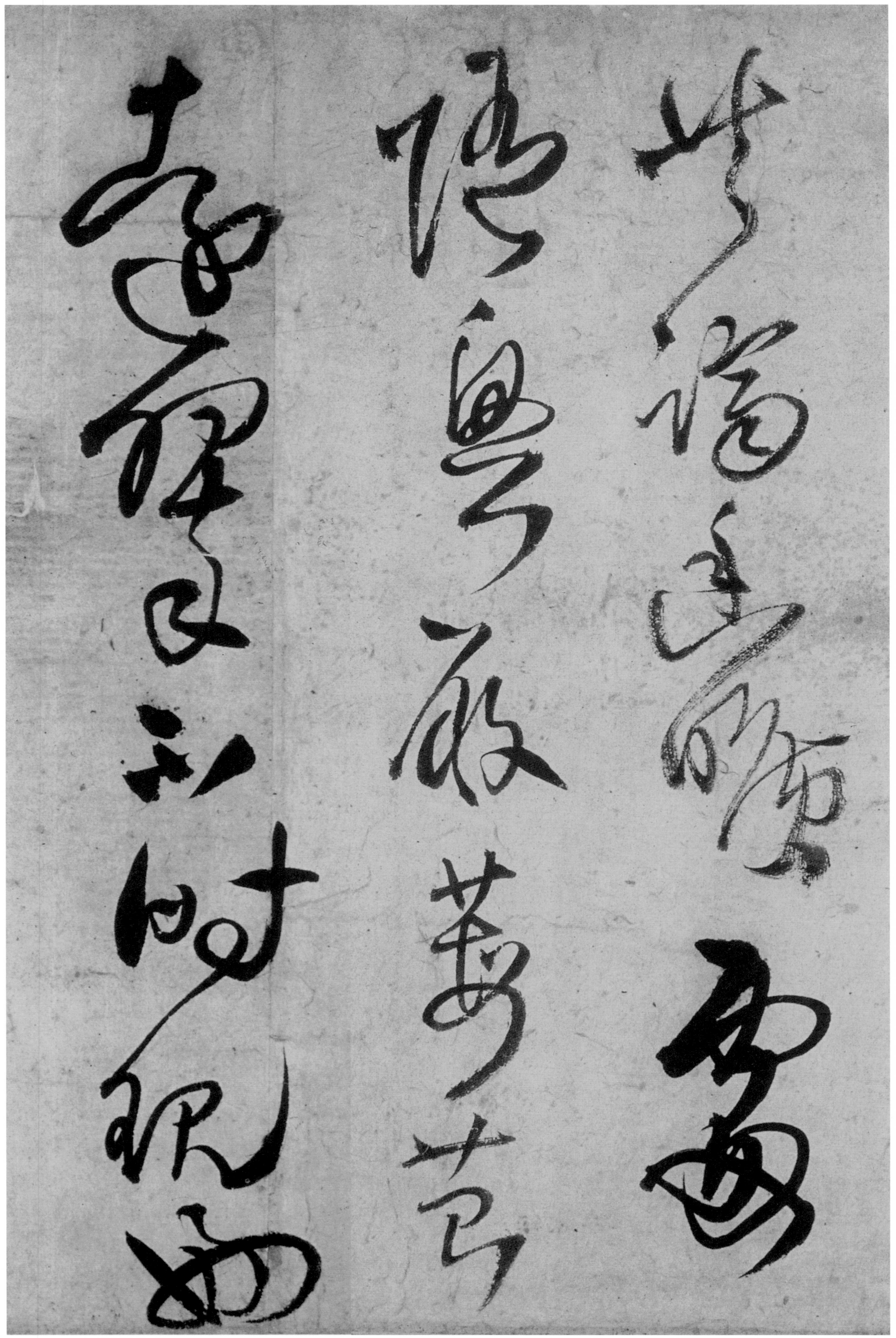

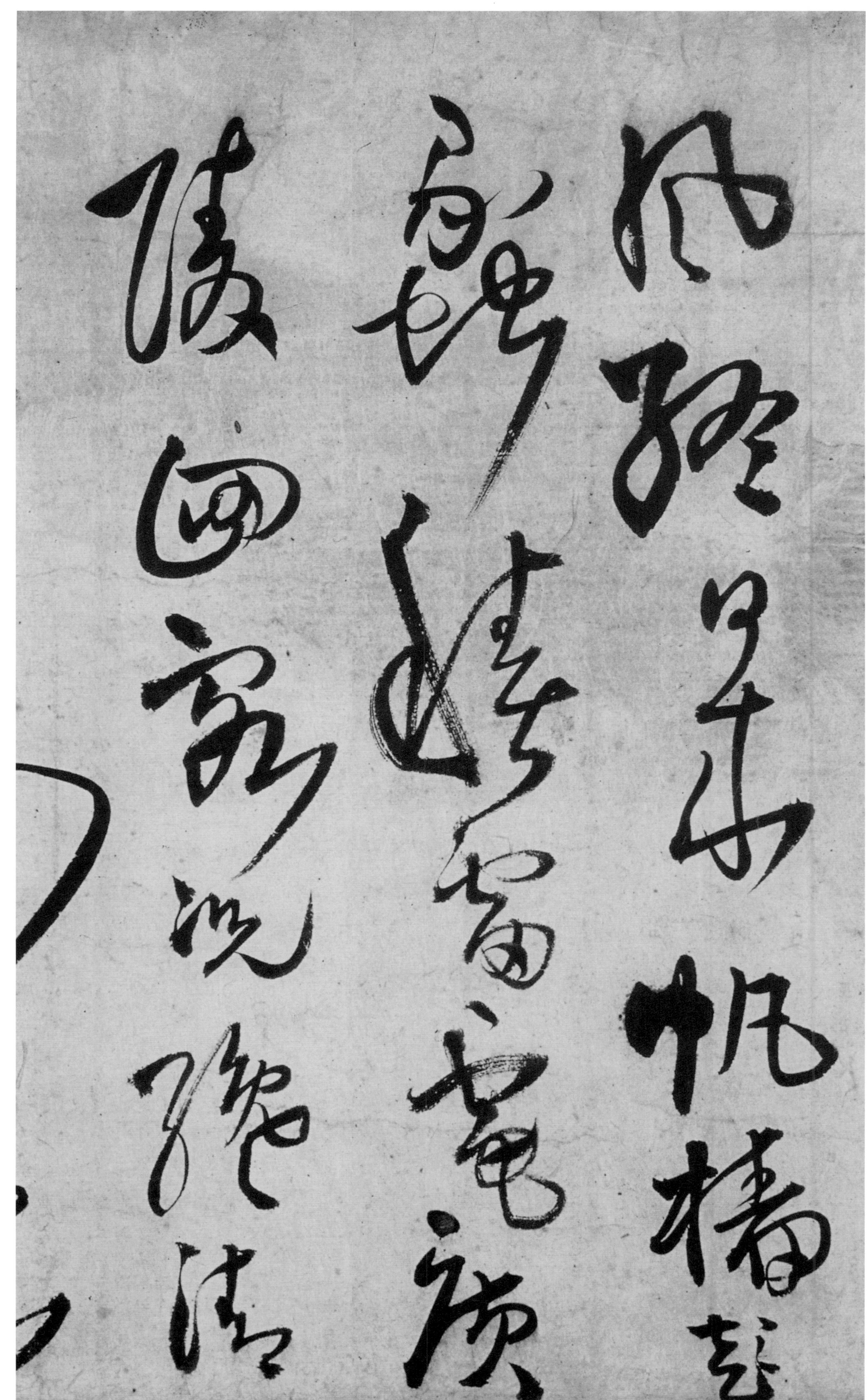

风终日来。帆樯彭蠡积，雷电广陵回。客况才清

穆，江洲晚照催。《戈敬與招集

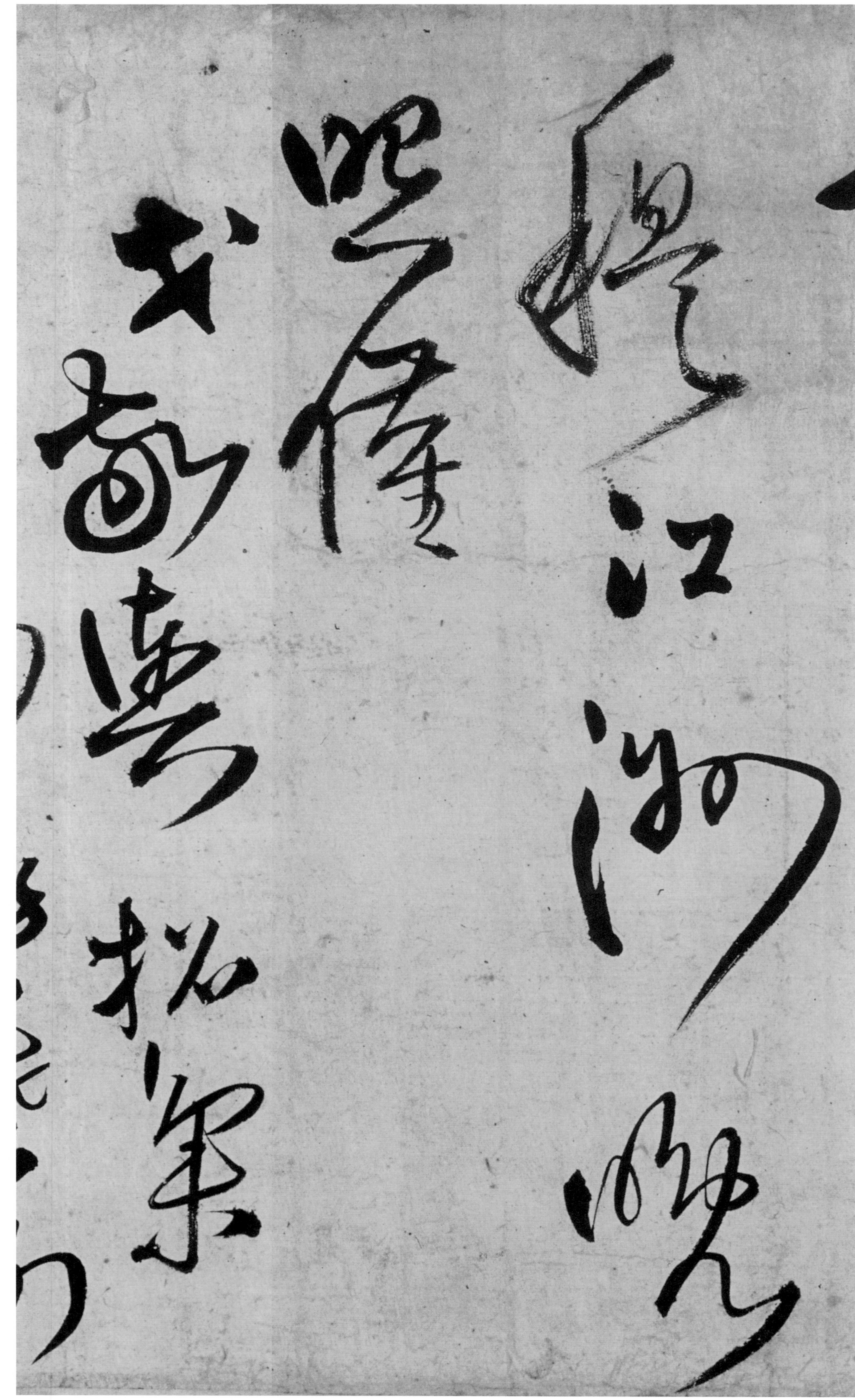

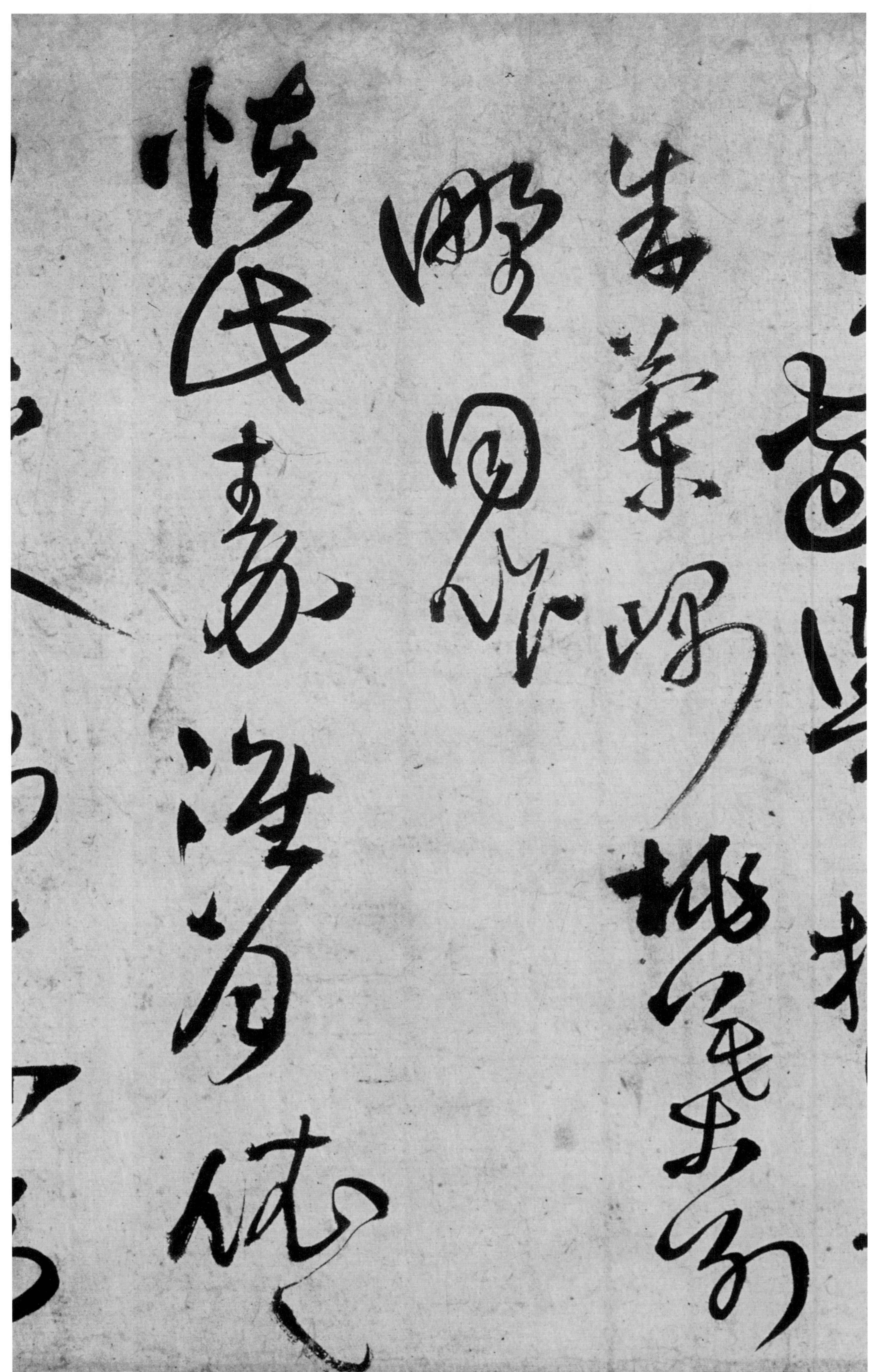

朱兰嵎桃叶别墅同作》怪此秦淮月，依依

向旅人。竭来高处望，收得几层春。岩壑流

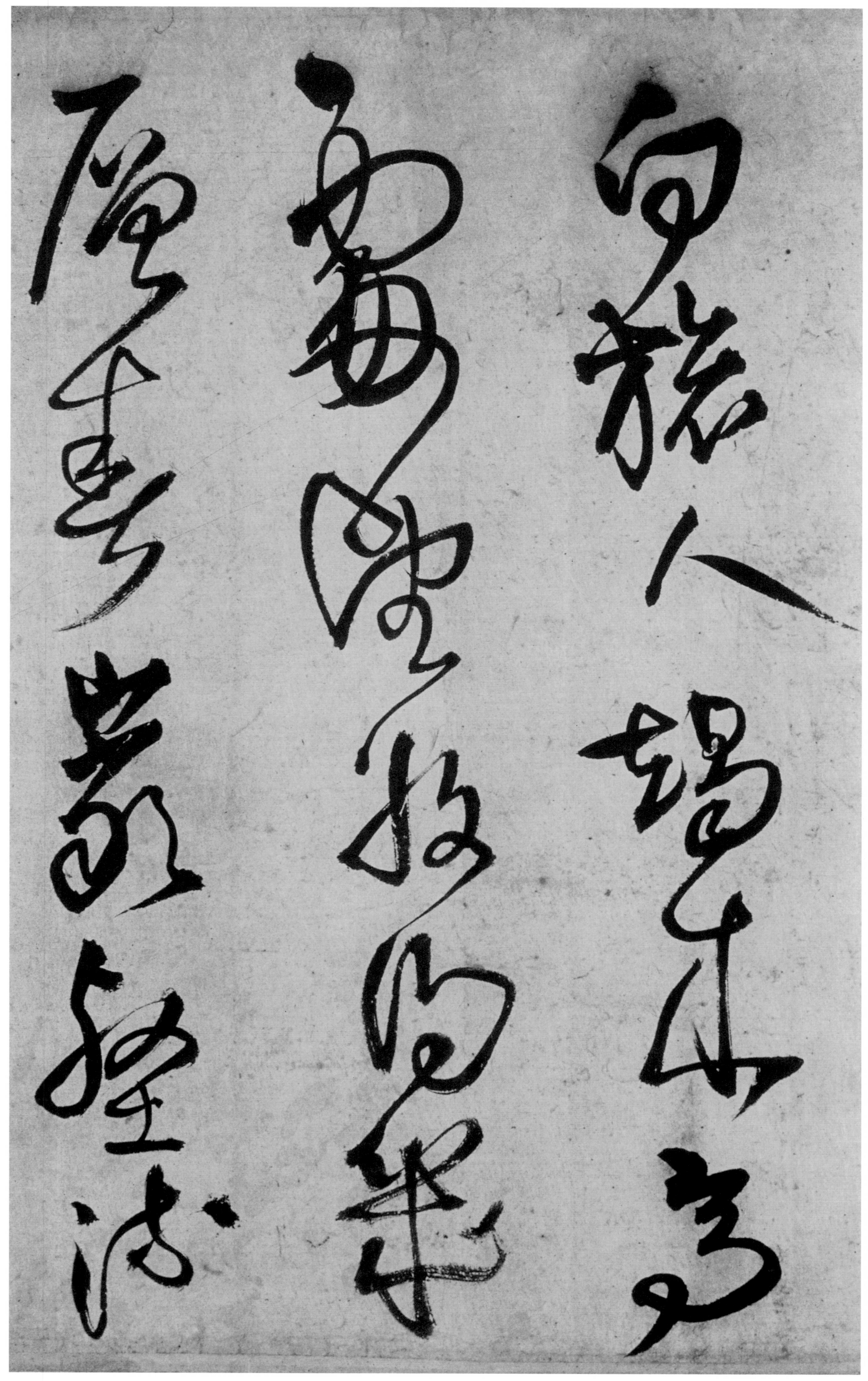

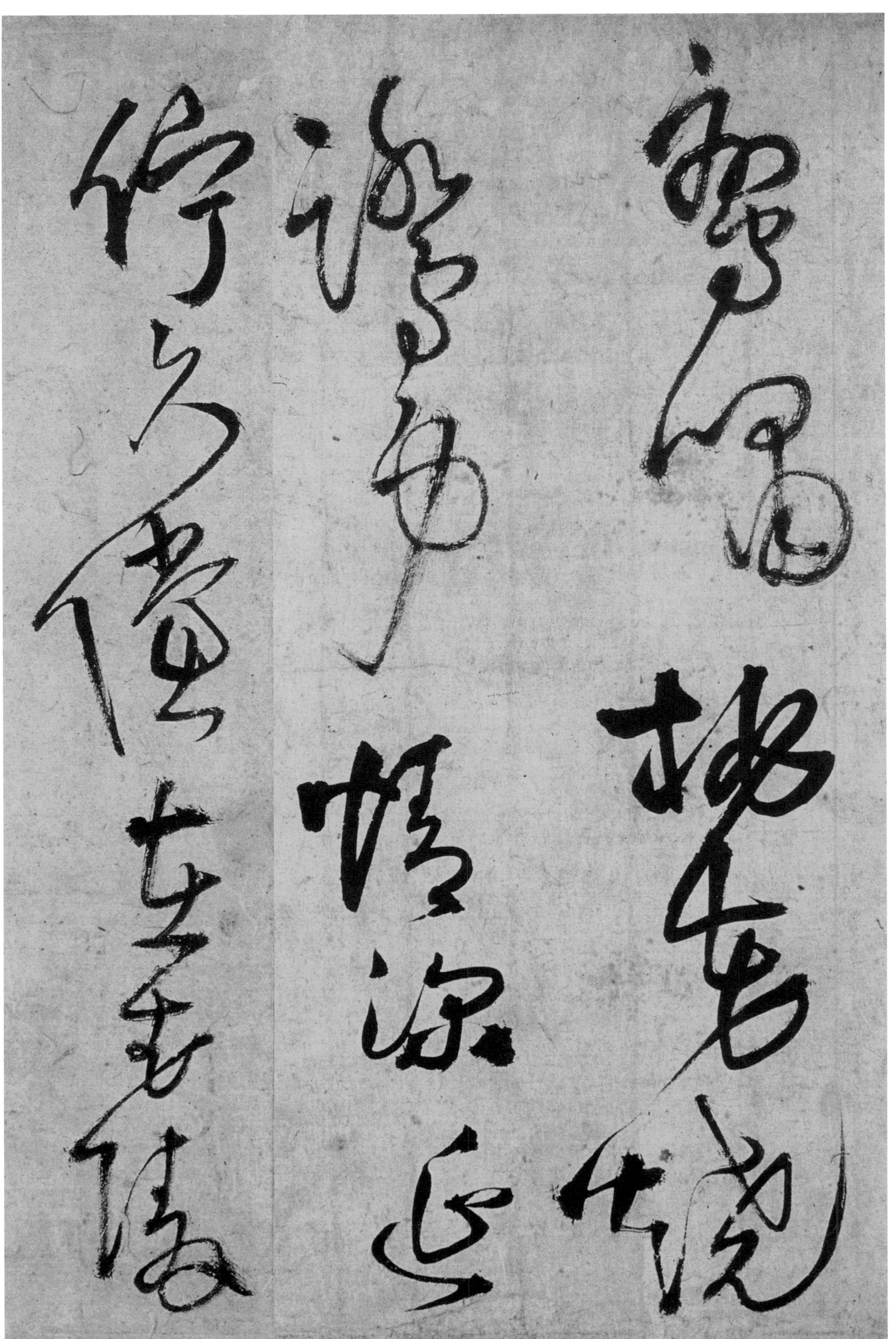

鸾啸，桃花烧鹭身。情深延伫久，傥在武陵

津。《晓起》黄叶（也）门将闭，嗒然无自心。为因多

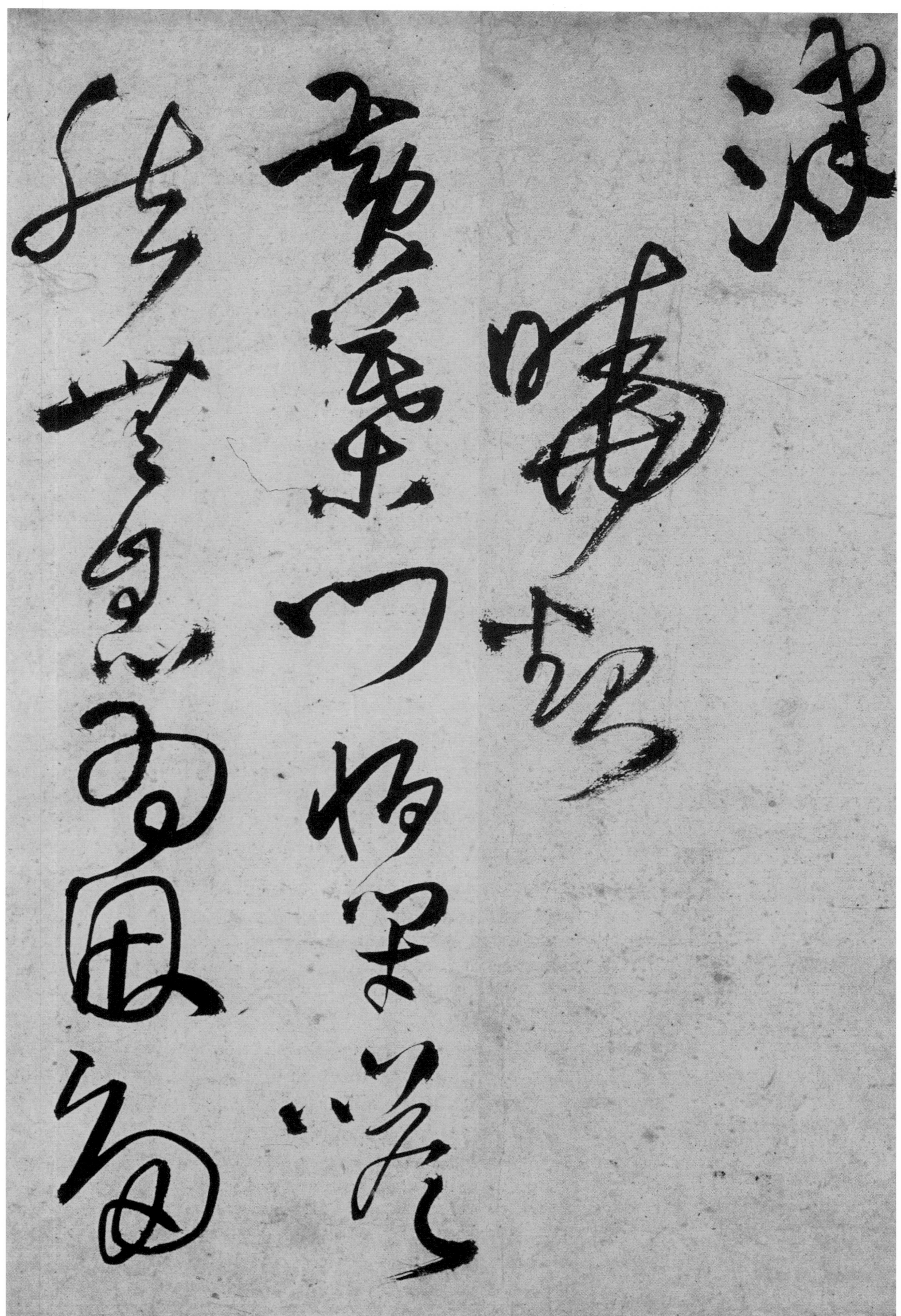

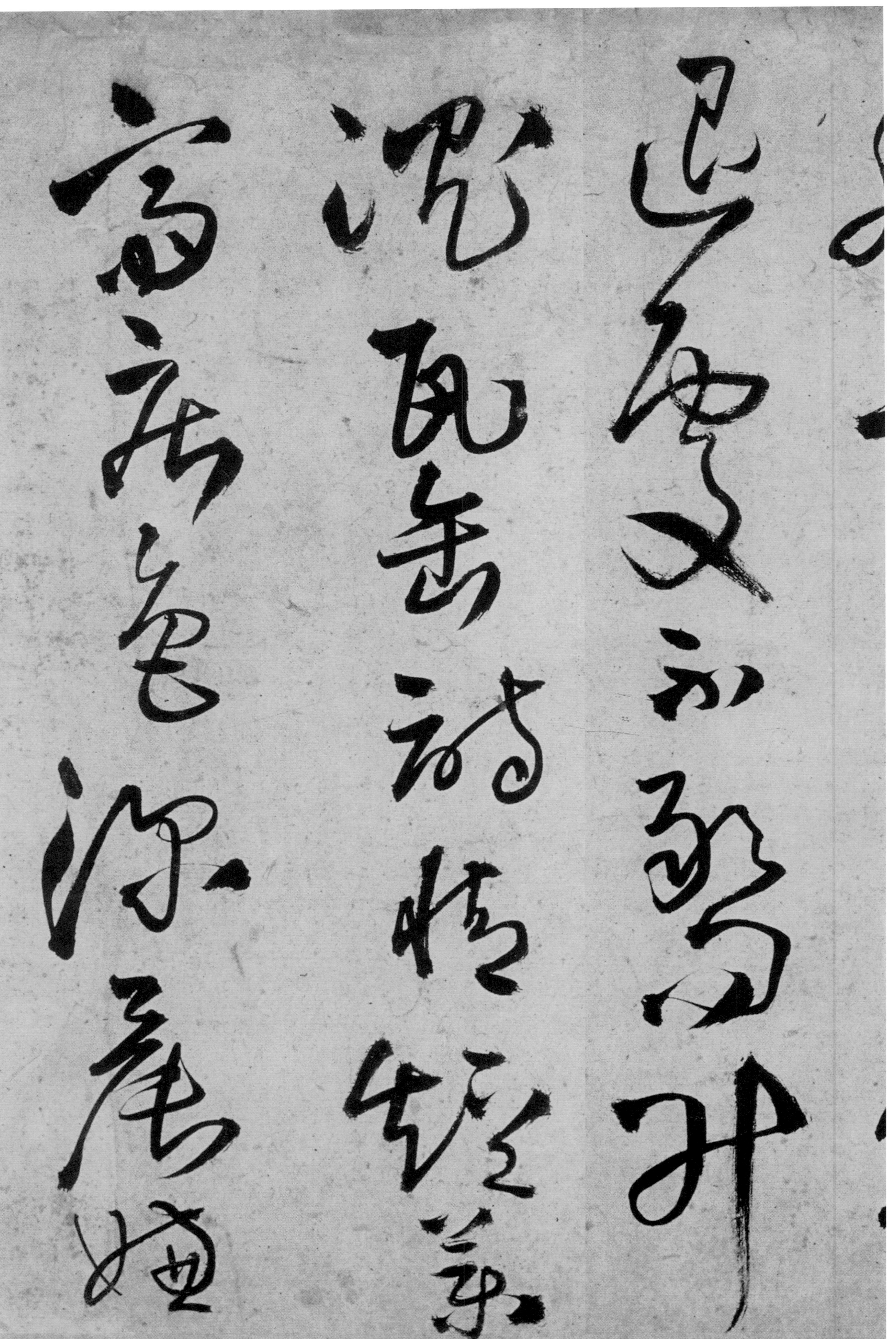

退处，不敢问升沉。瓦缶诗情短，药斋疾色深。晨嫌

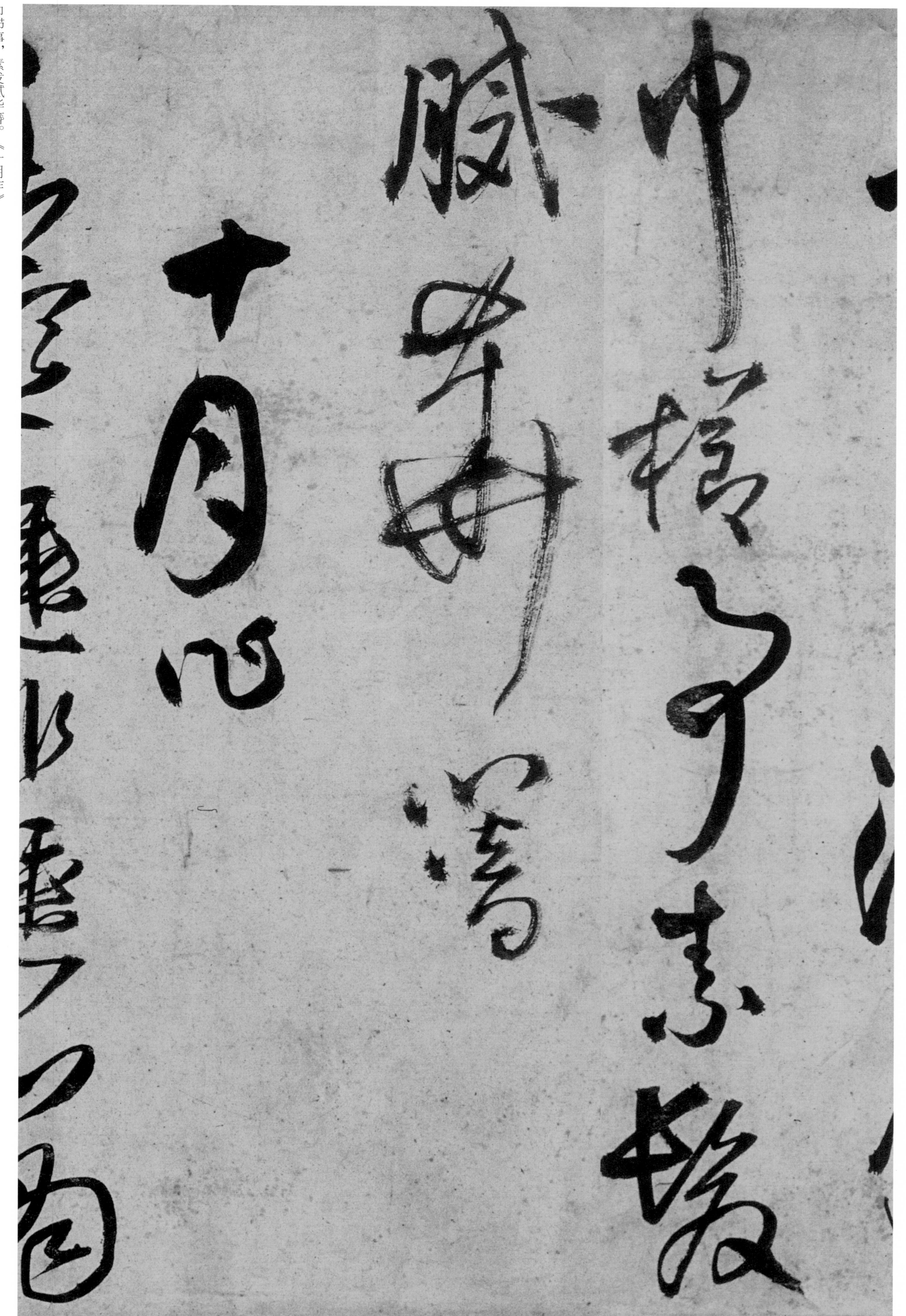

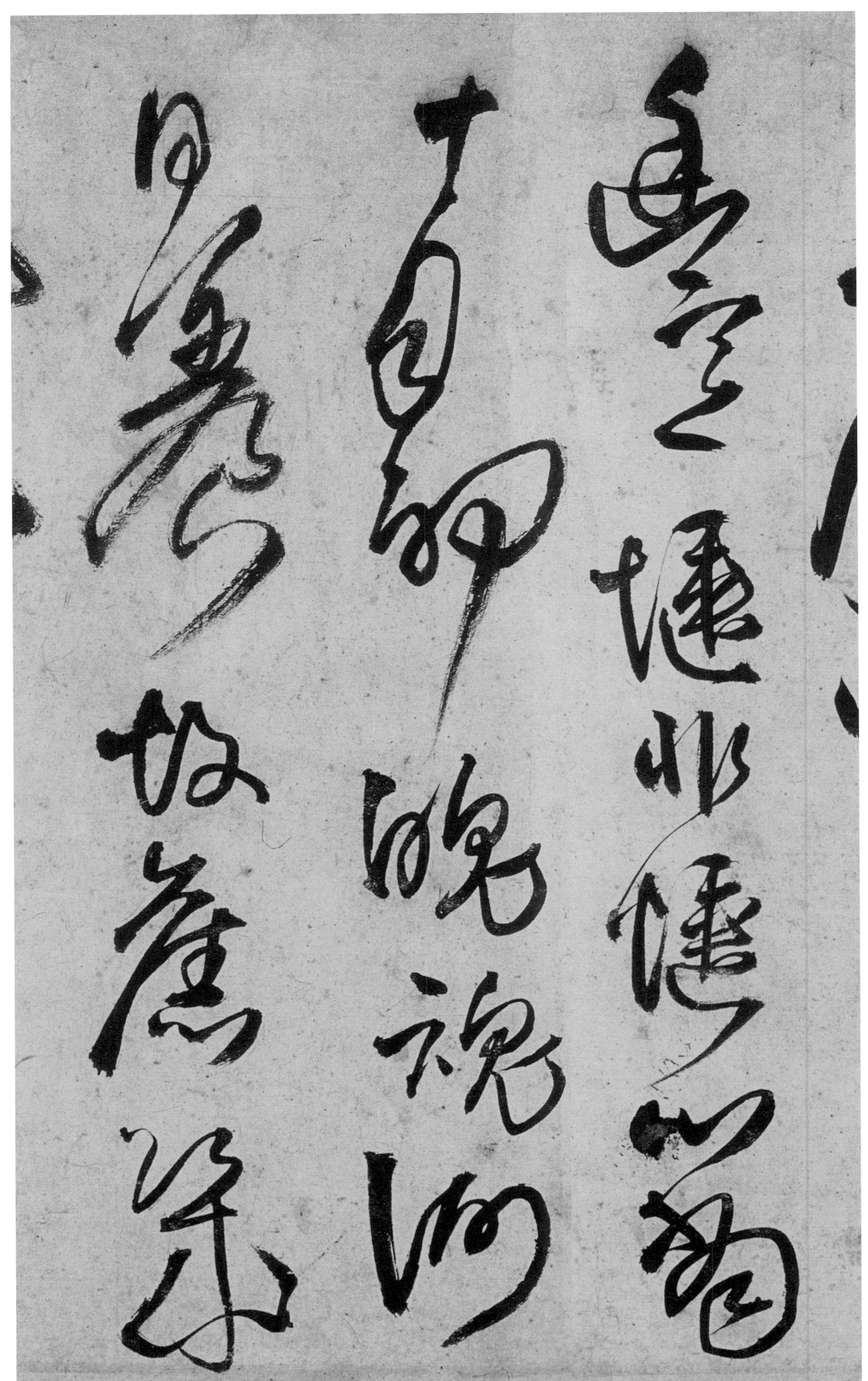

幽意惬非惬，心当十月初。魄魂何日养，故旧几

人疏。壁暗屠蛟刃，囊余咒鬼

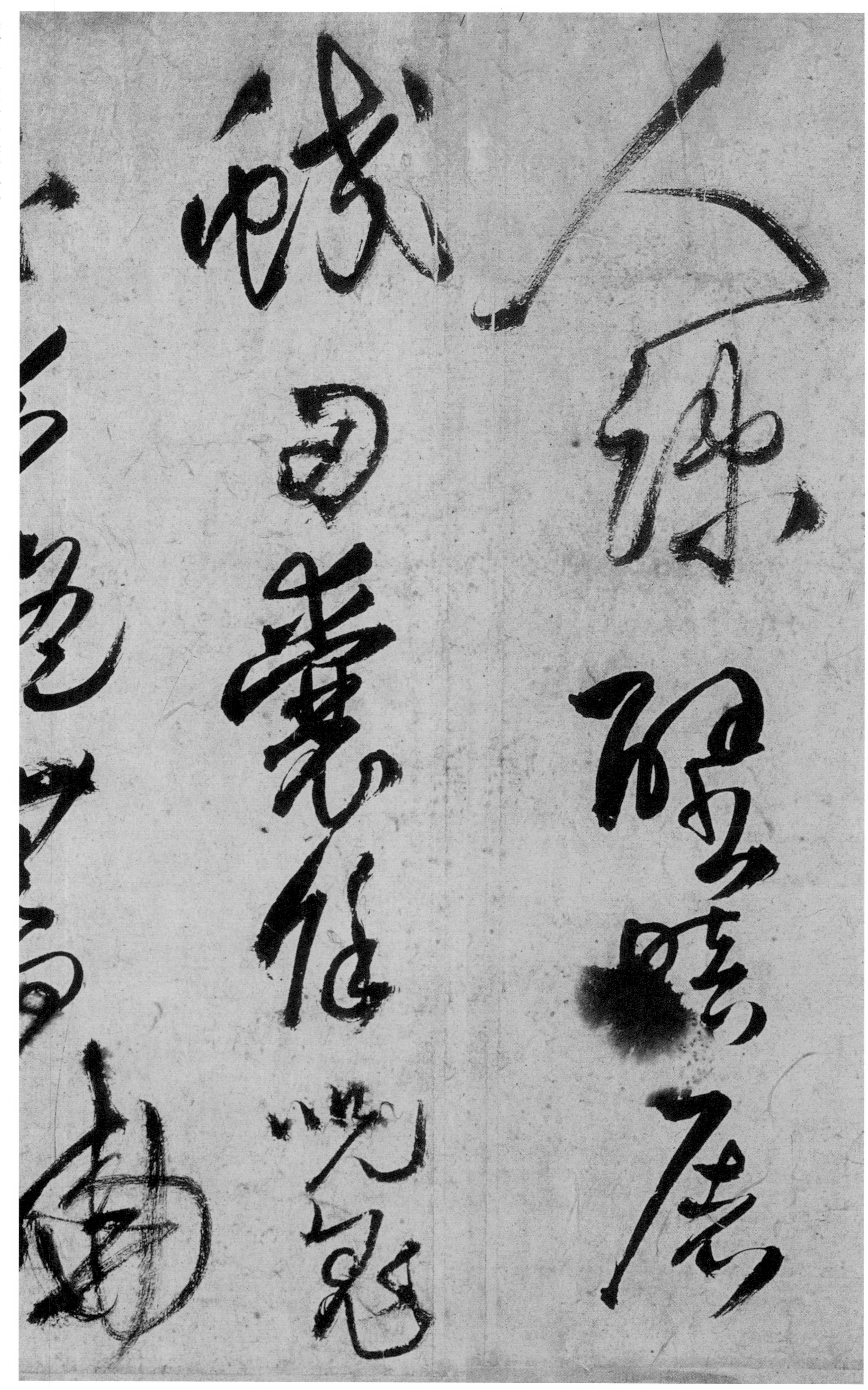

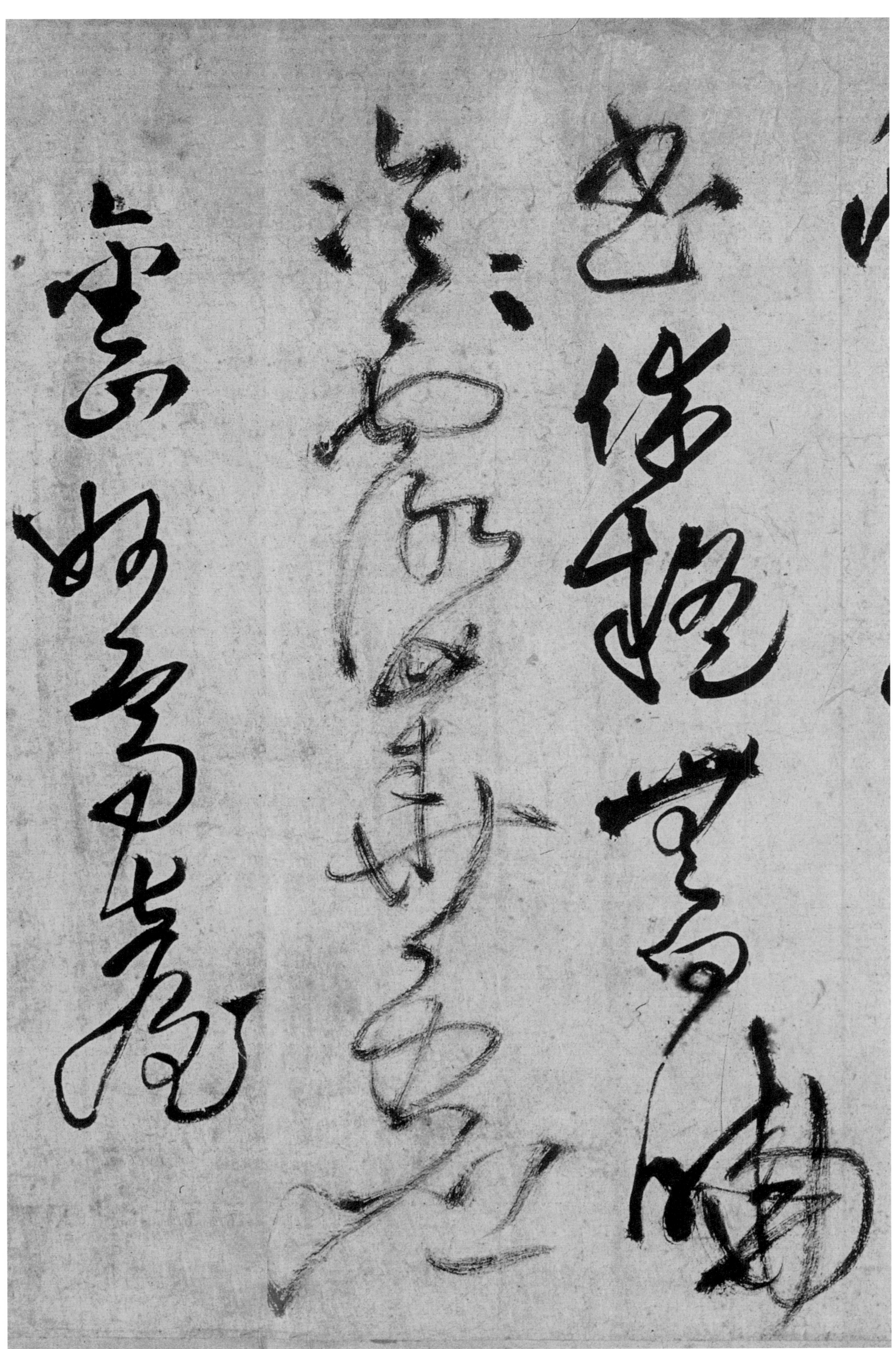

书。休疑无白晓，冷冷露华虚。《金山妙高台》

天门悬石磴，半壁见苏文。逸韵归何处，空山不可

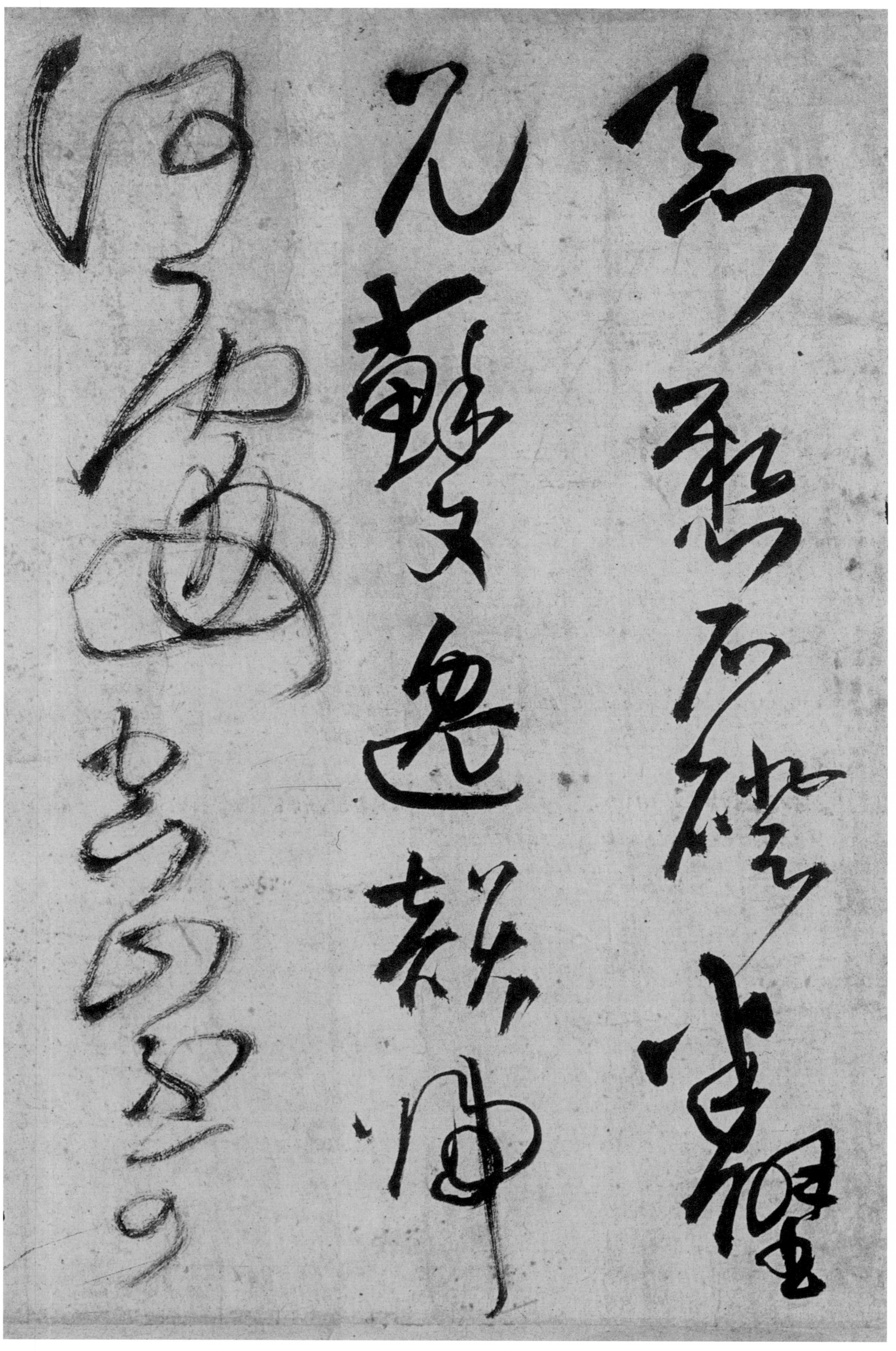

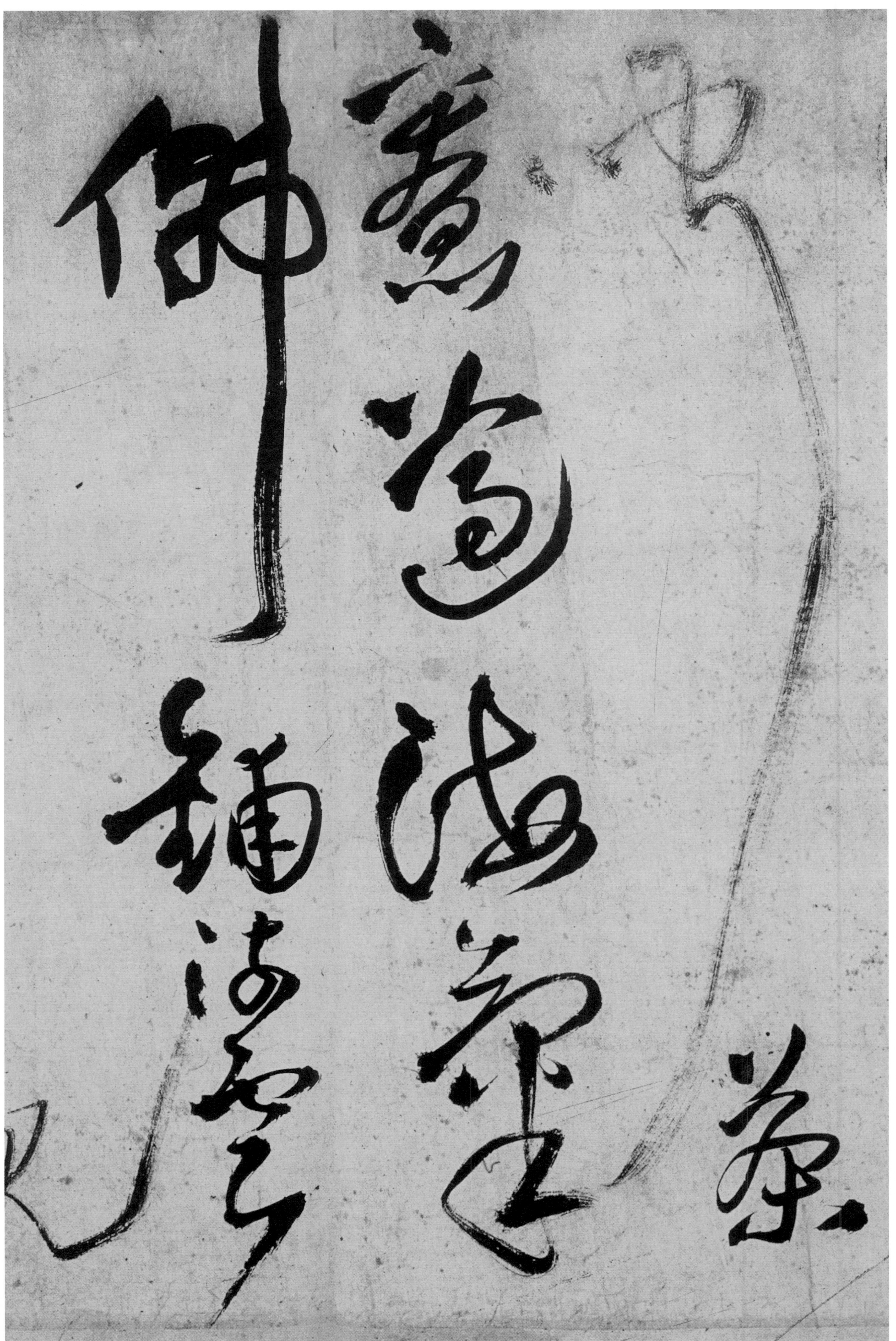

闻。茶寮遵海气，佛□铺流云。

北望蕃厘观，渔歌入夕曛。

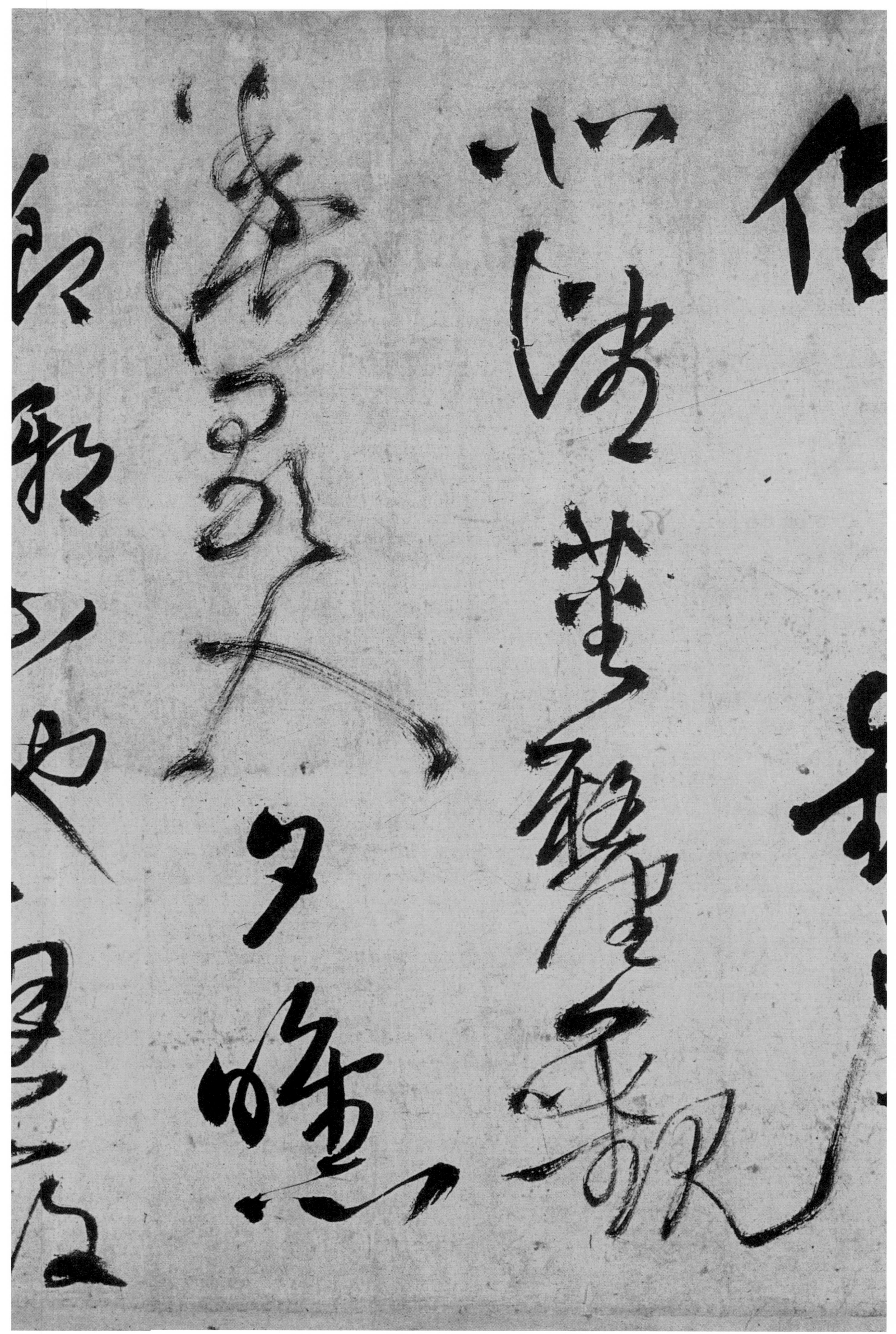

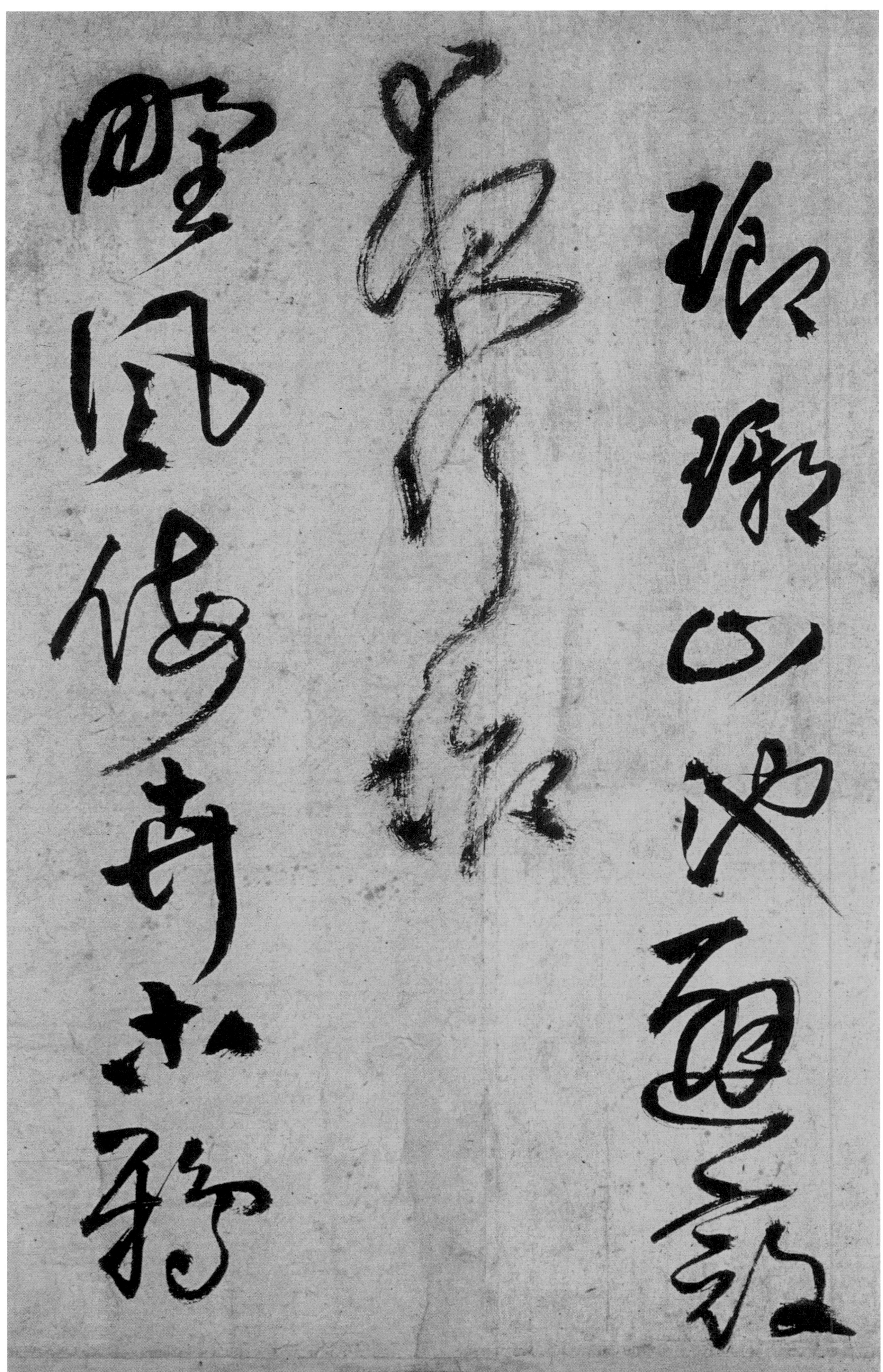

《琅琊山池避寇夜行作》野风侮卉木，鸦

路助人愁。丧乱须臾险，妻孥灯火投。罿鸣潭

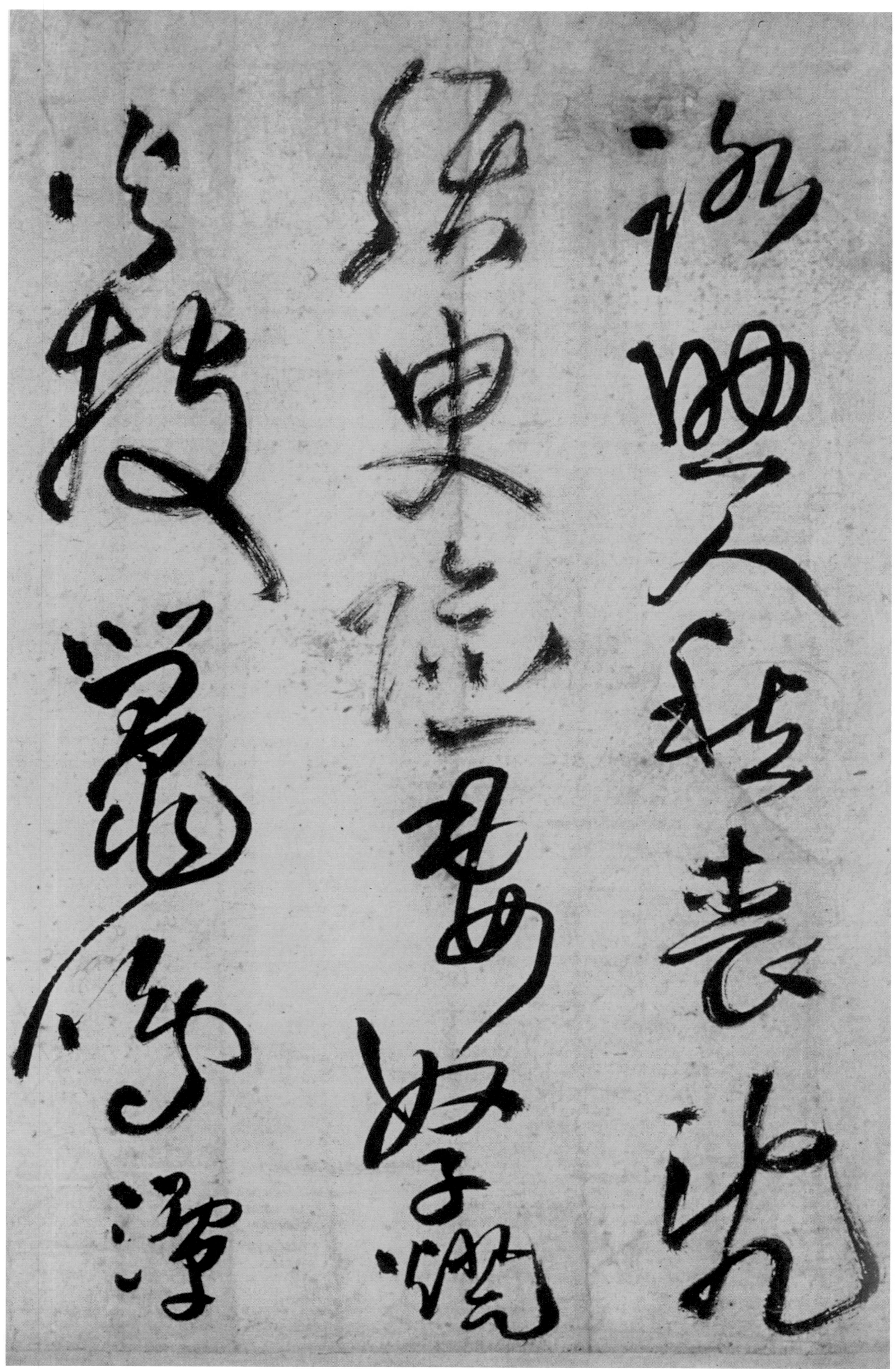

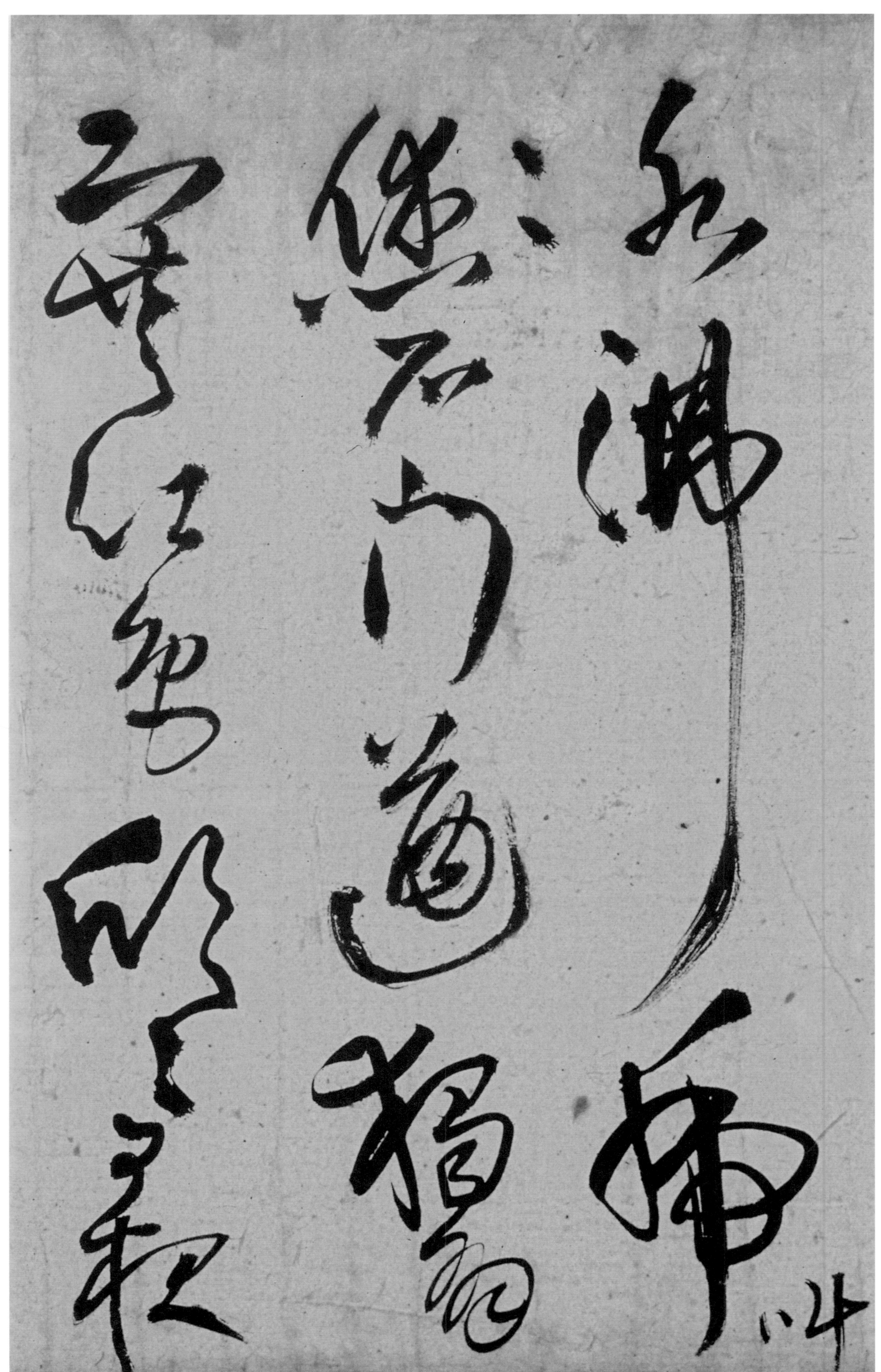

水沸，虎叫（㷱）石门遒。独有寒江色，欣欣日夜

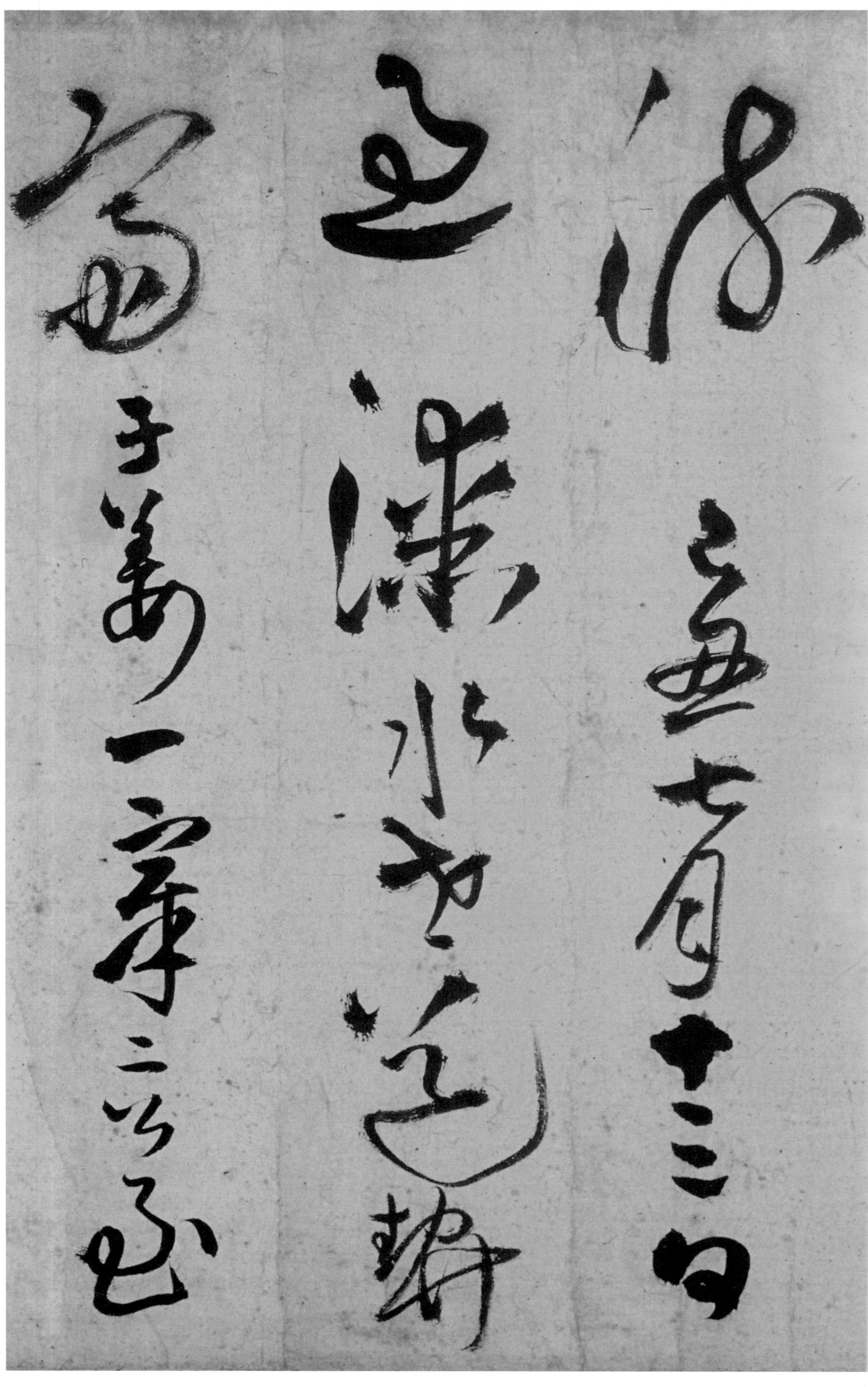

流。乙丑七月十三日过漆水老道契斋，于姜、一章二公至。

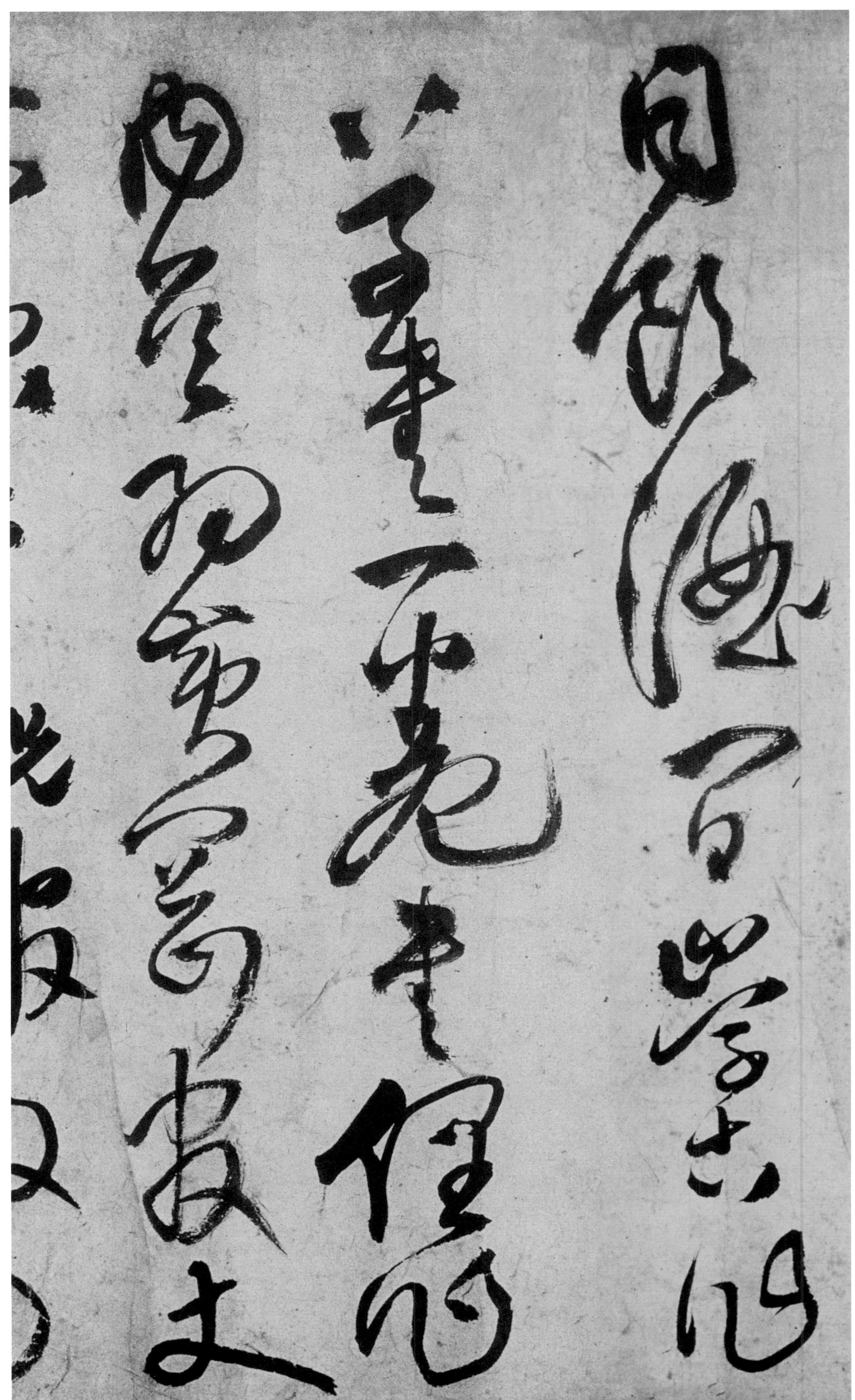

同饮酒间，崇古作草书一卷，书俚作，内一首为黄冈官丈

所深爱，覙棺及内子。偶书至此，不胜怆感，恨（无）平生未

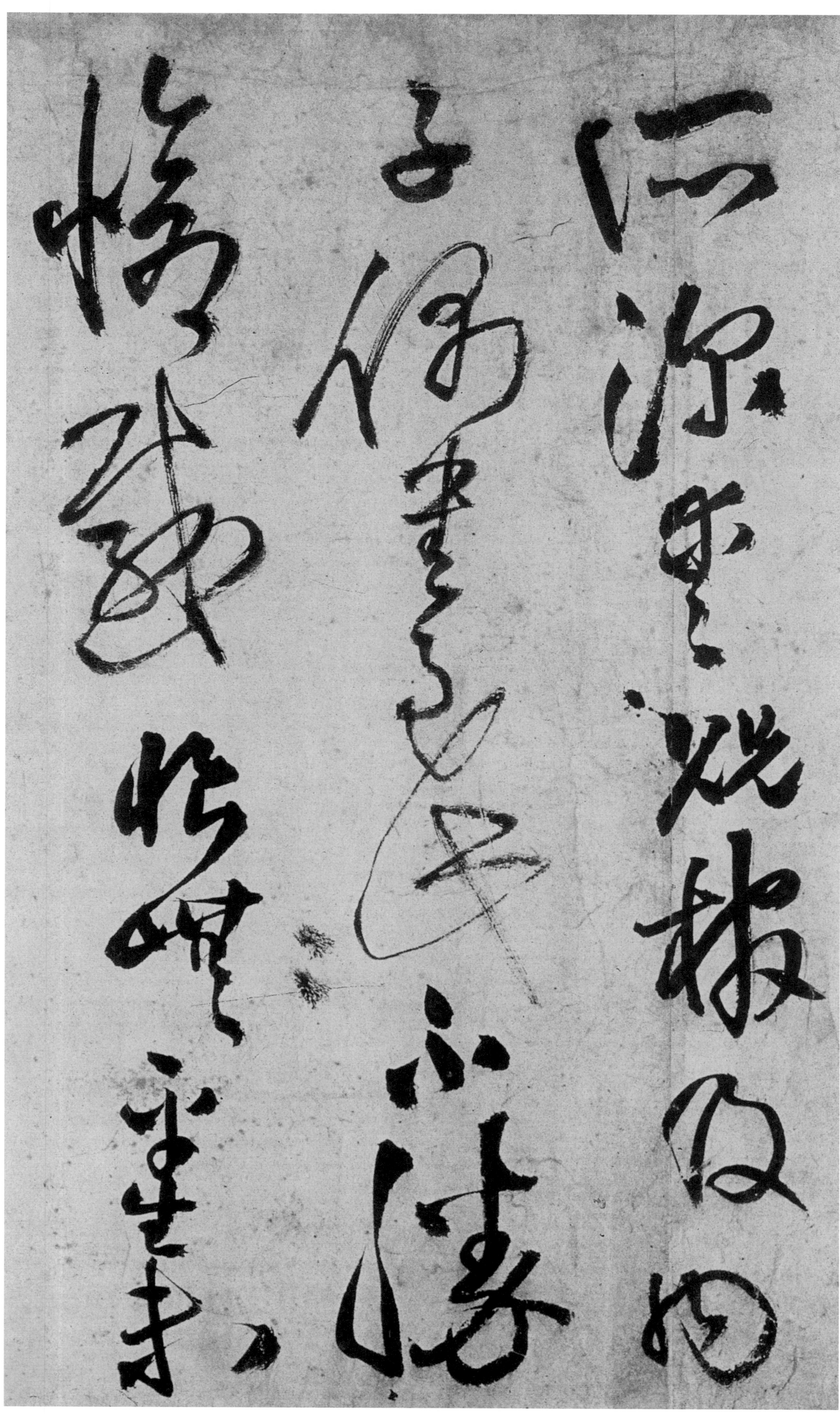

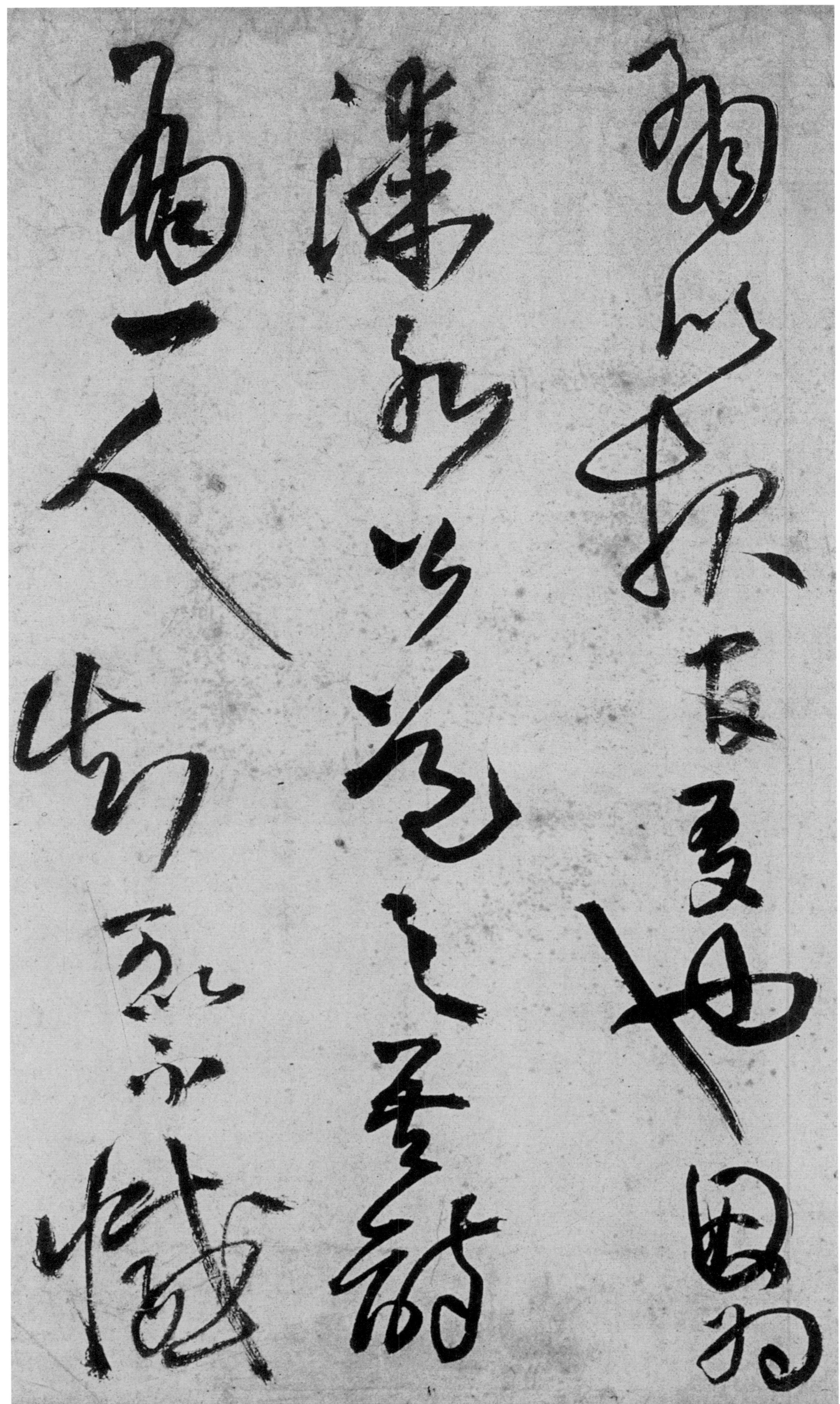

有以报官友也，因为漆水公道之。吾诗有一人知，可以不憾，

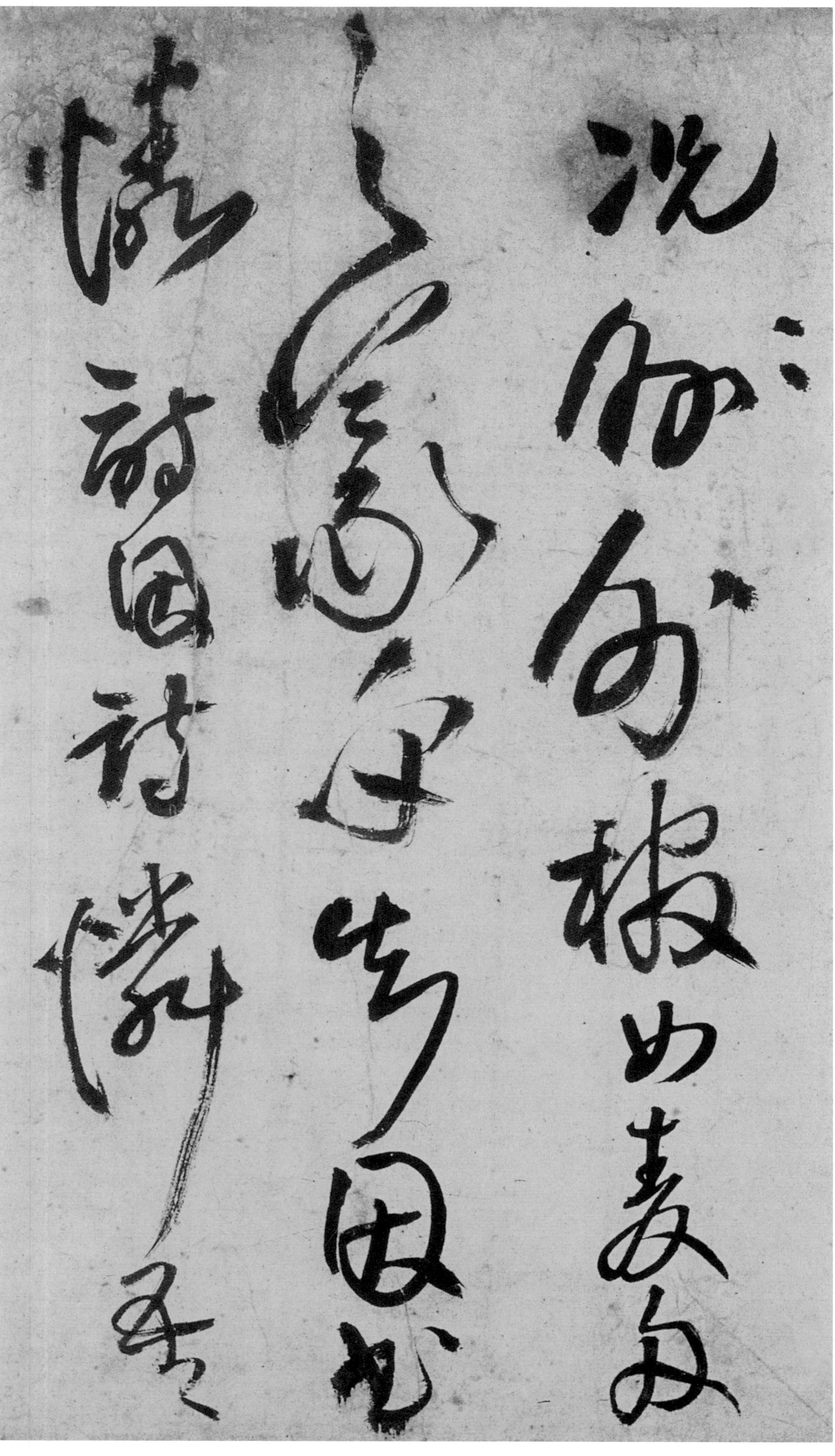

况（外）外棺如麦舟之义乎。知因书怜诗，因诗怜吾，

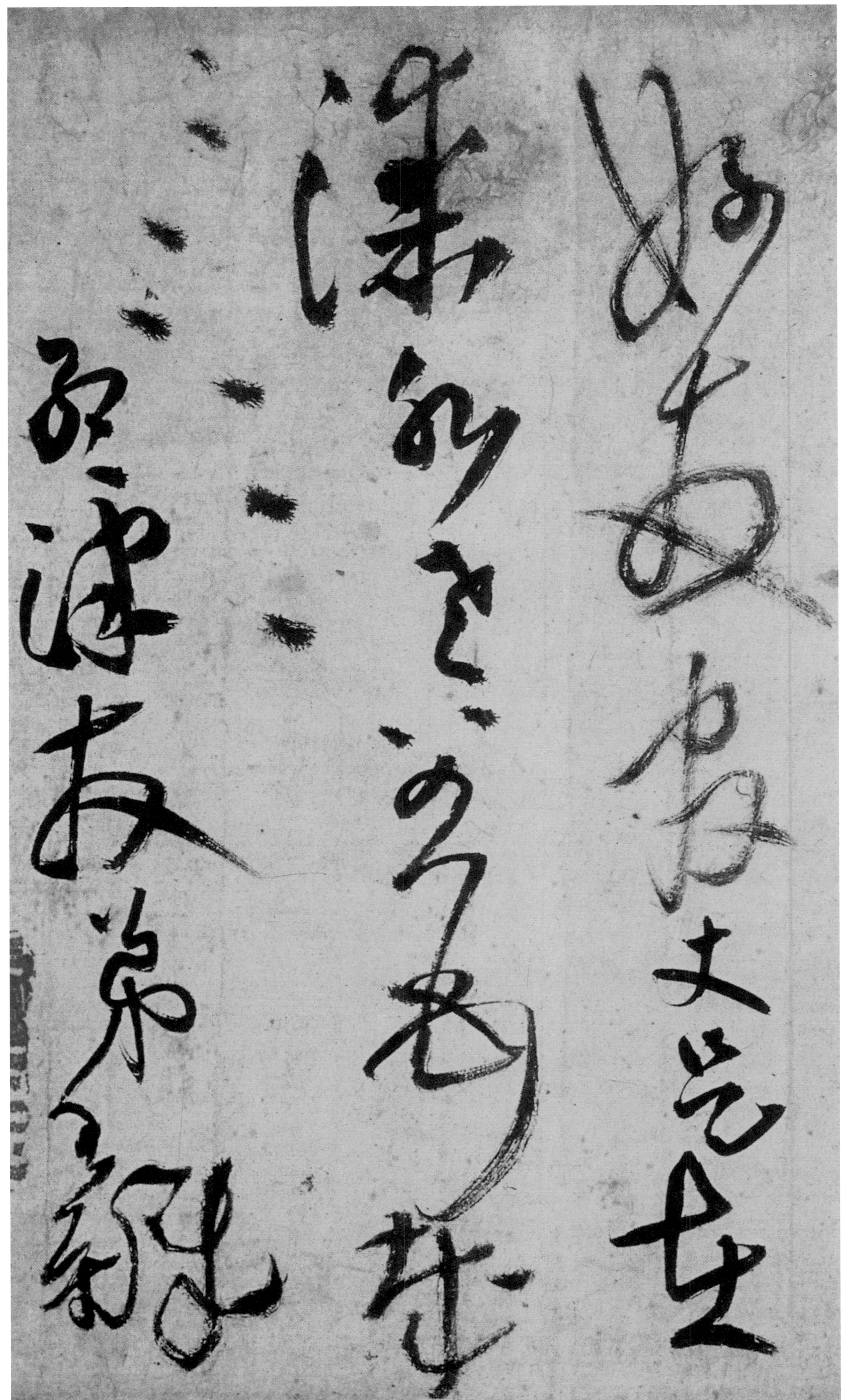

好友宫丈是在。漆水老父母哉。（顿首，顿首。）孟津友弟王铎

五十八岁笔。（《赠郝棫清行草诗卷》）新闻柬

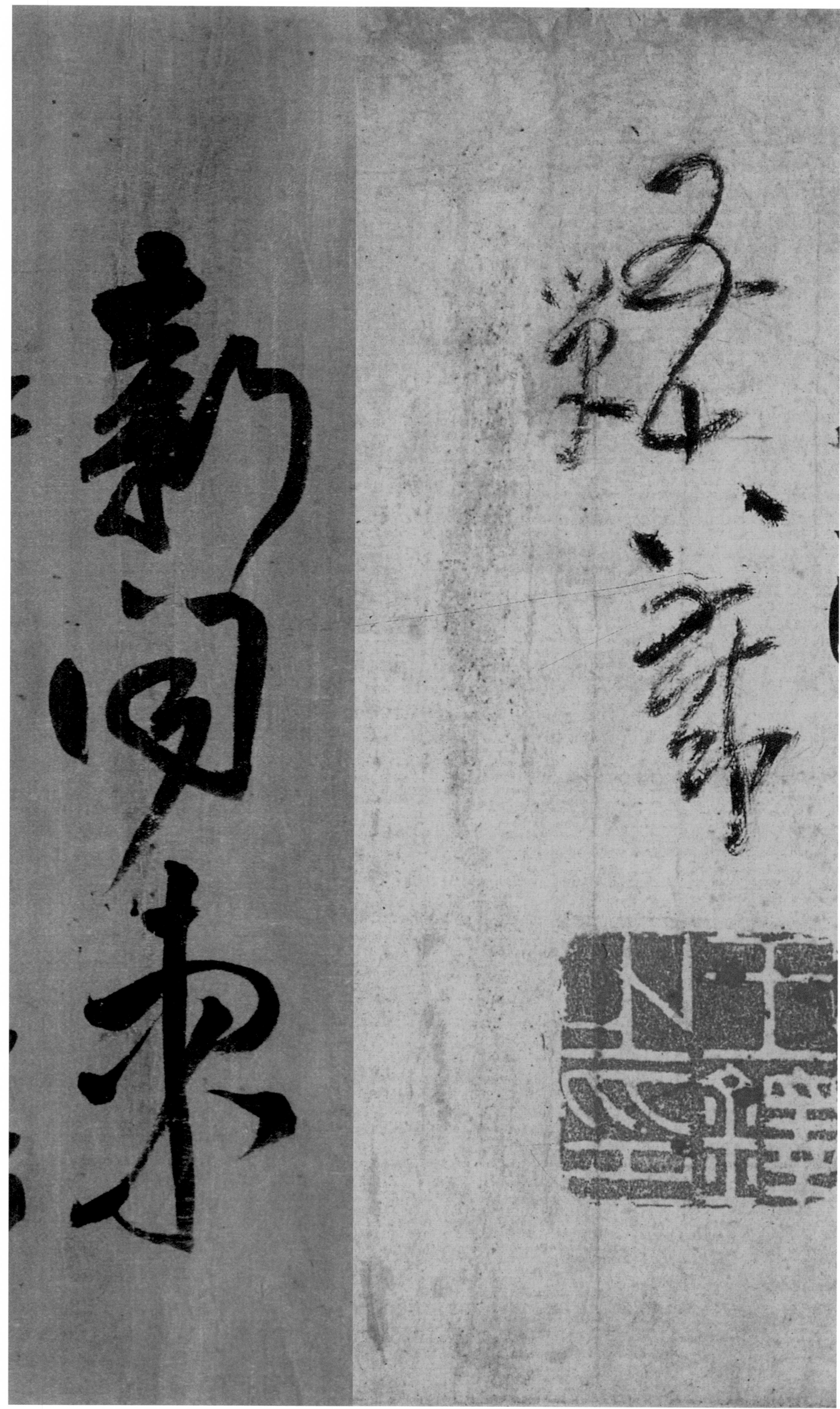

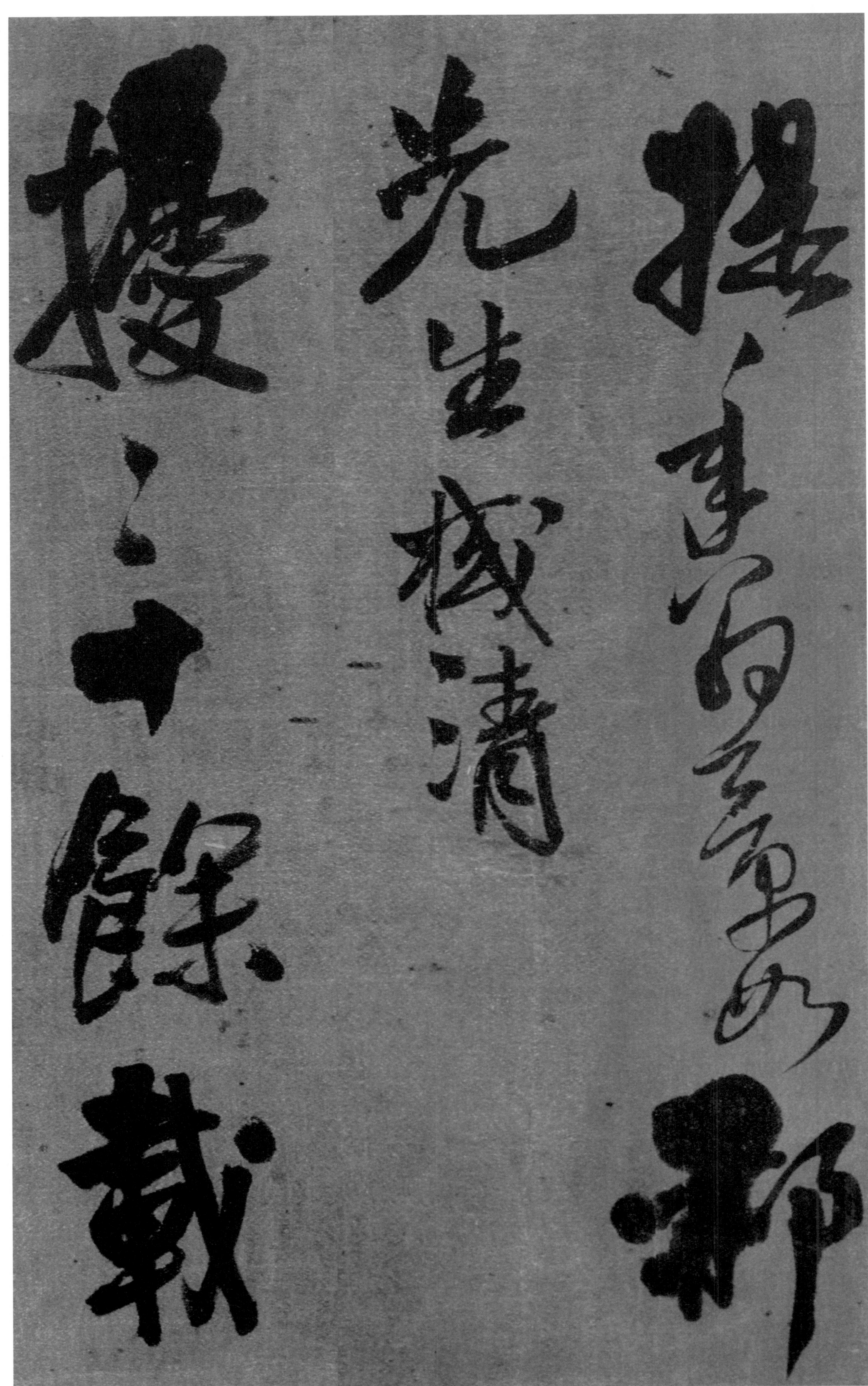

提年翁景如郝先生械清。扰扰十余载，

榛涂不似春。朝廷哀下土，江

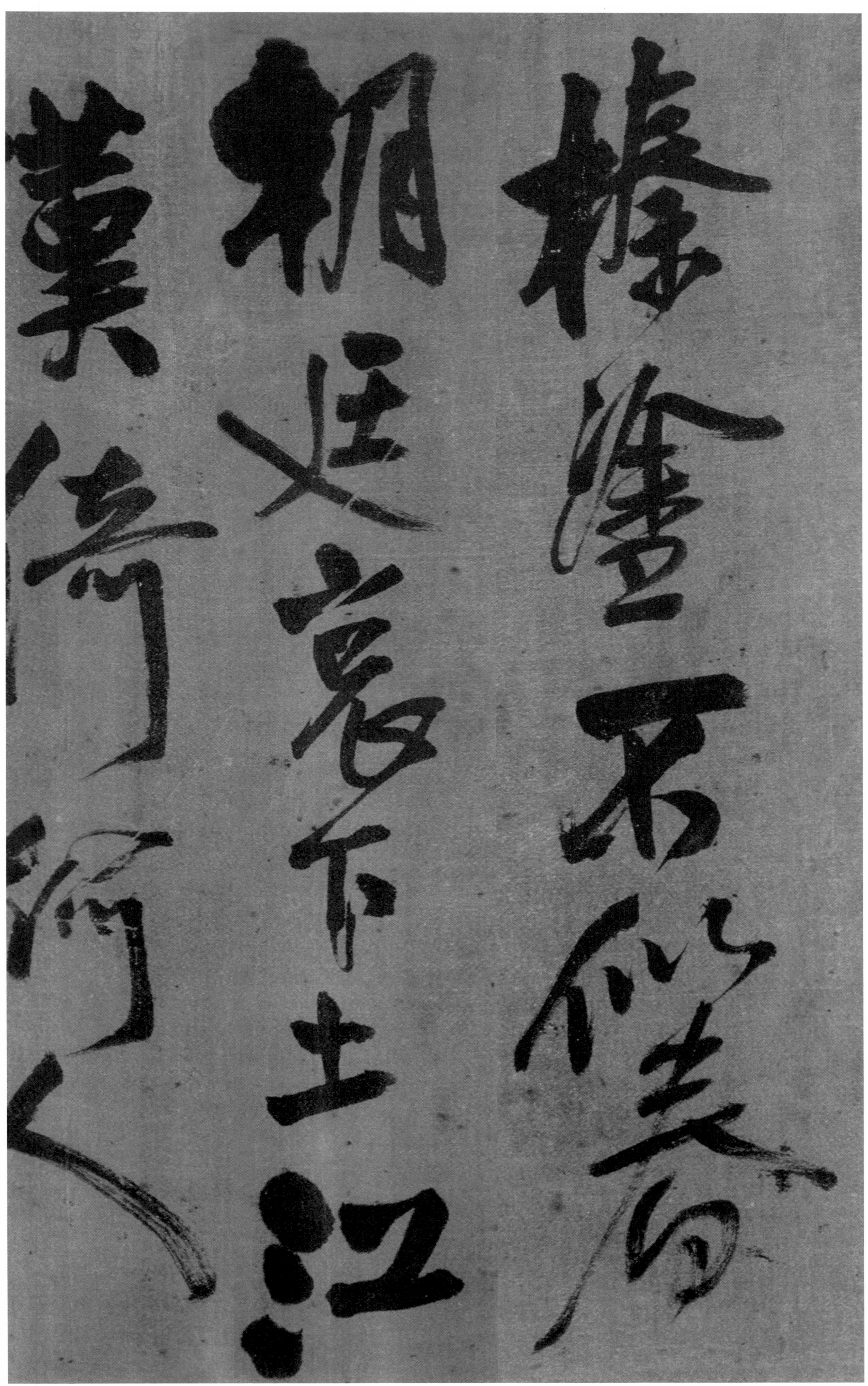

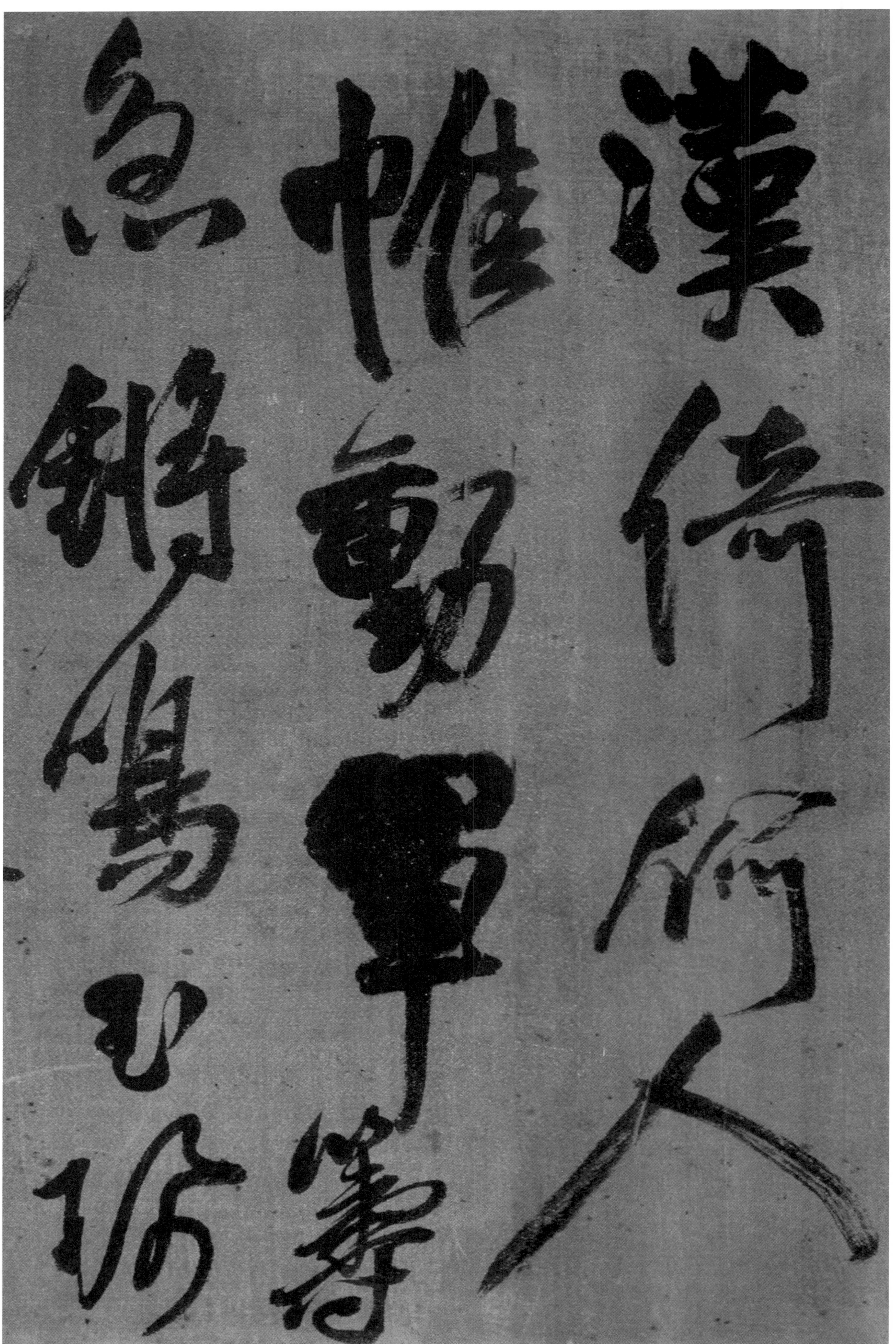

汉倚何人。帷动军筹急，锵鸣玉珮

亲。讵无谢太傅，大恤偃烟尘。（一）新涣

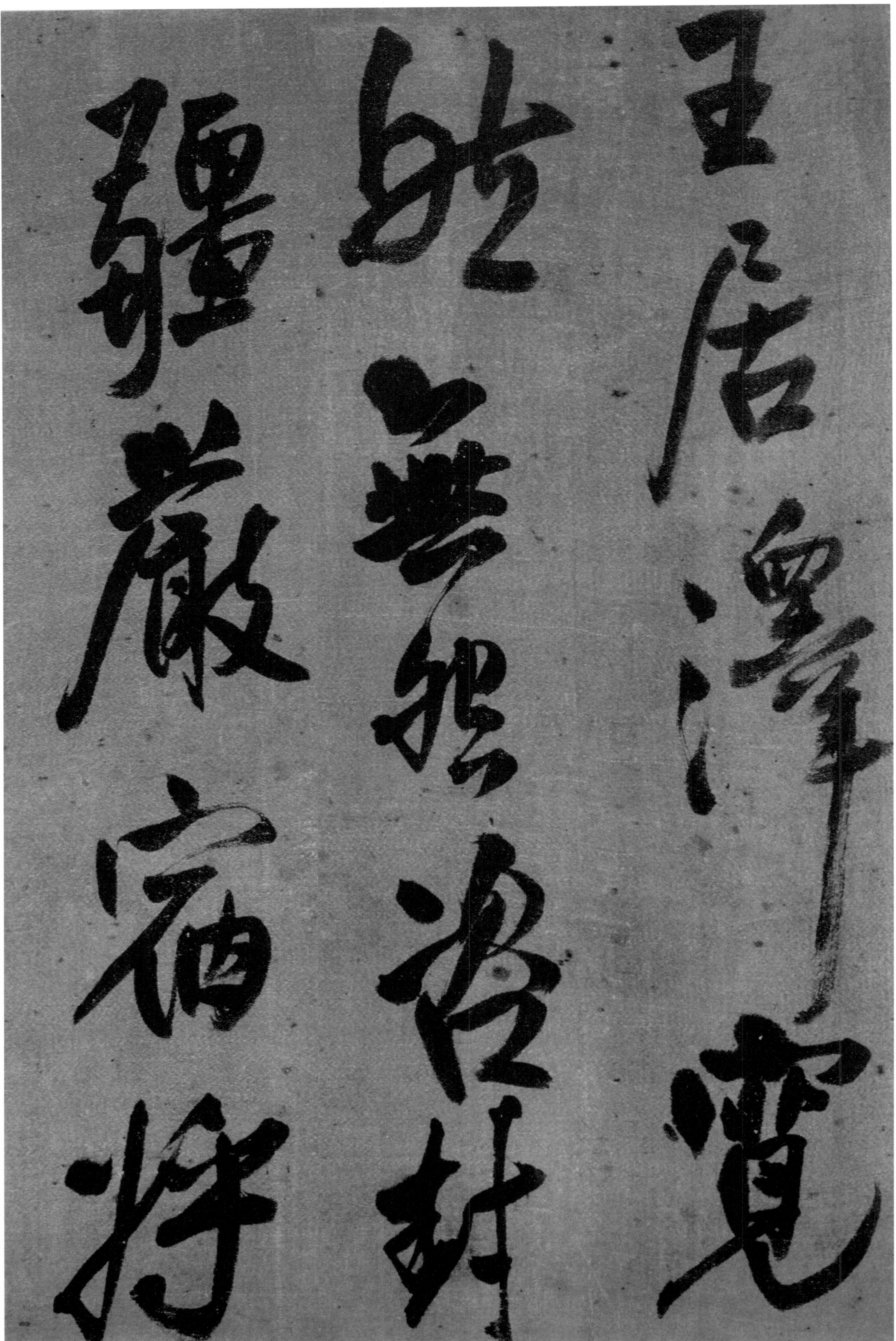

王居泽，宽然无怨咨。封疆严宿将，

恸哭罢潢池。大糦资禾茂，小球

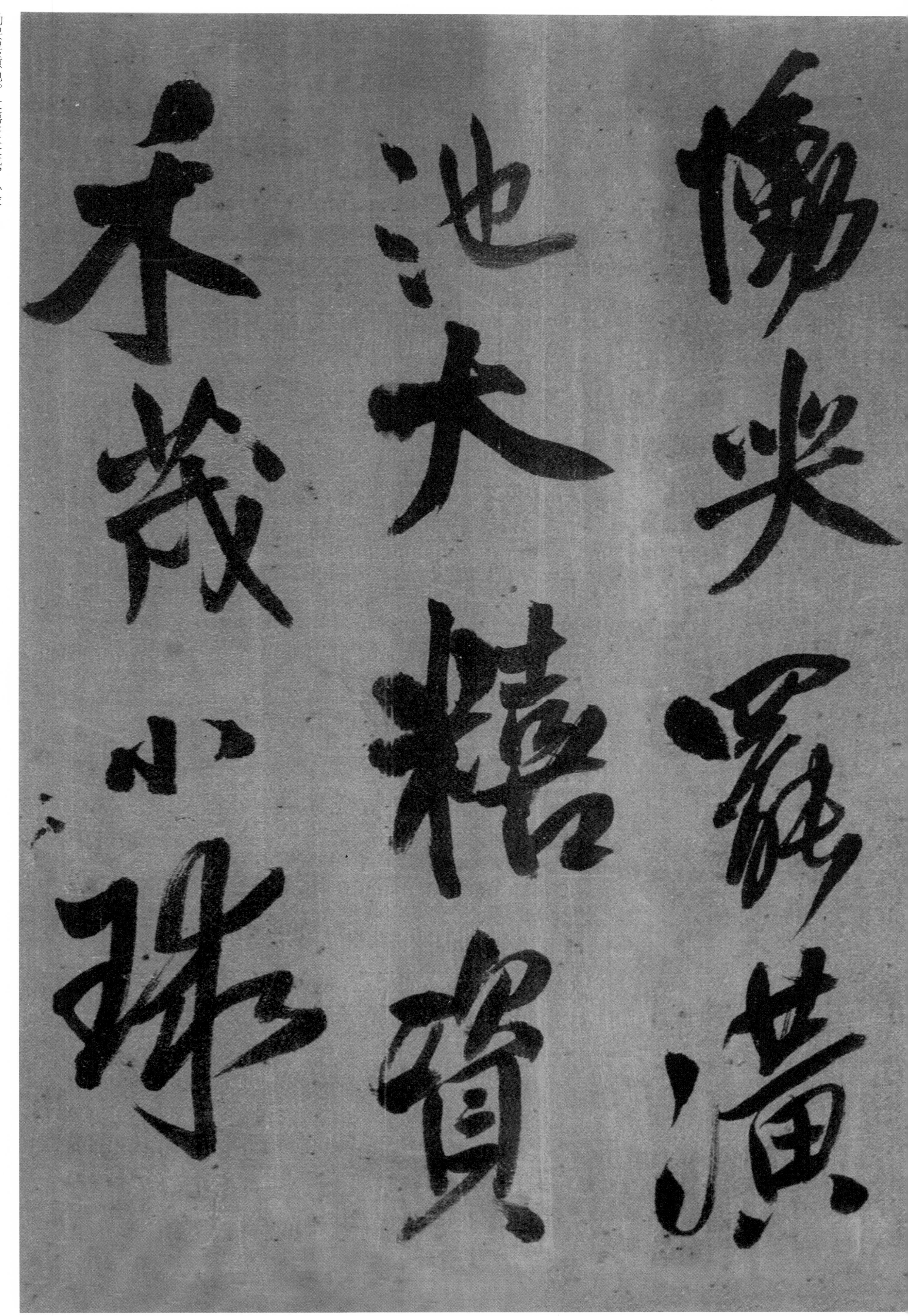

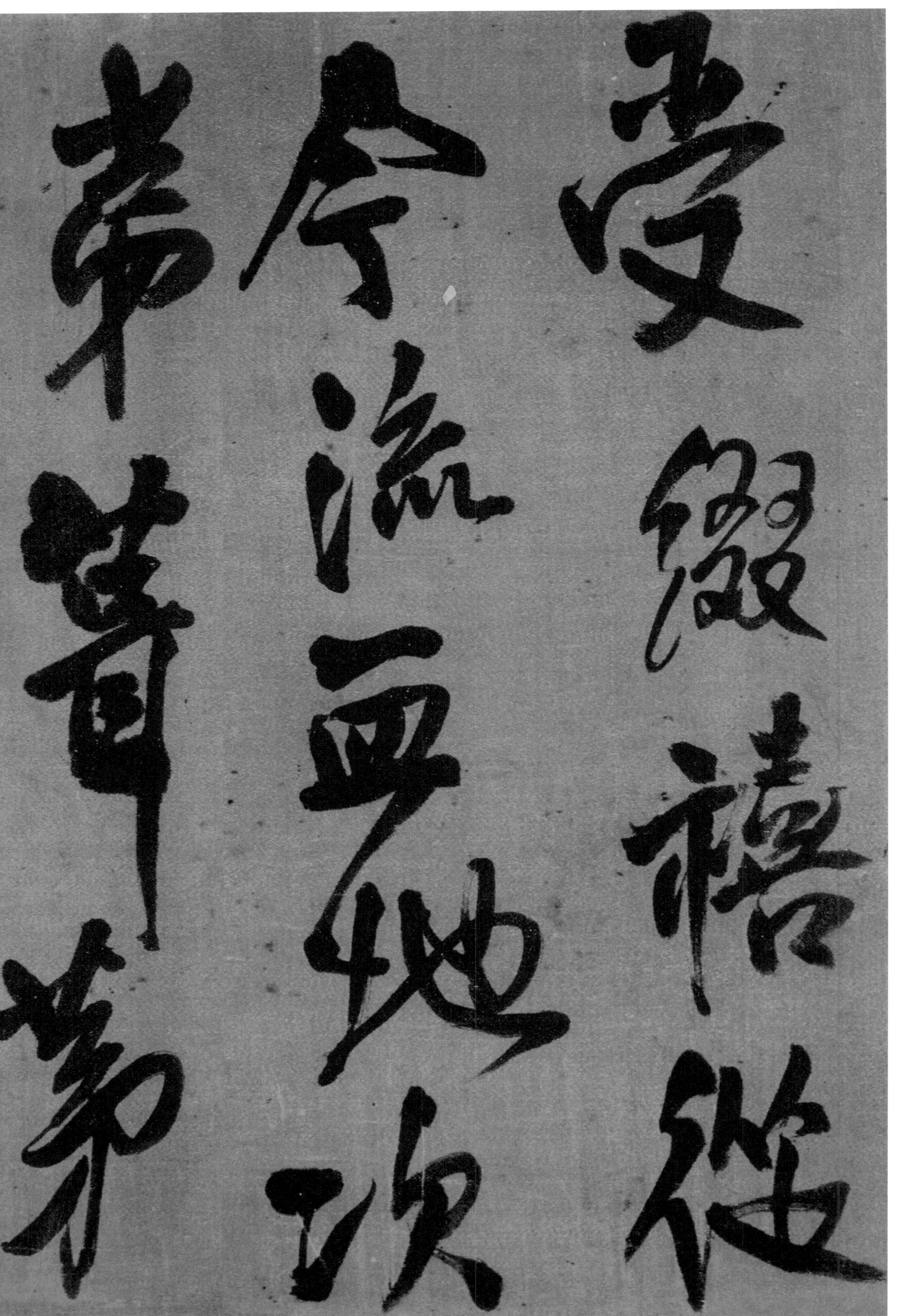

受缀禧。从今流血地，次第茸茅

茨。（二）过棫清先生馆舍。相遇忽无闷，一樽意未

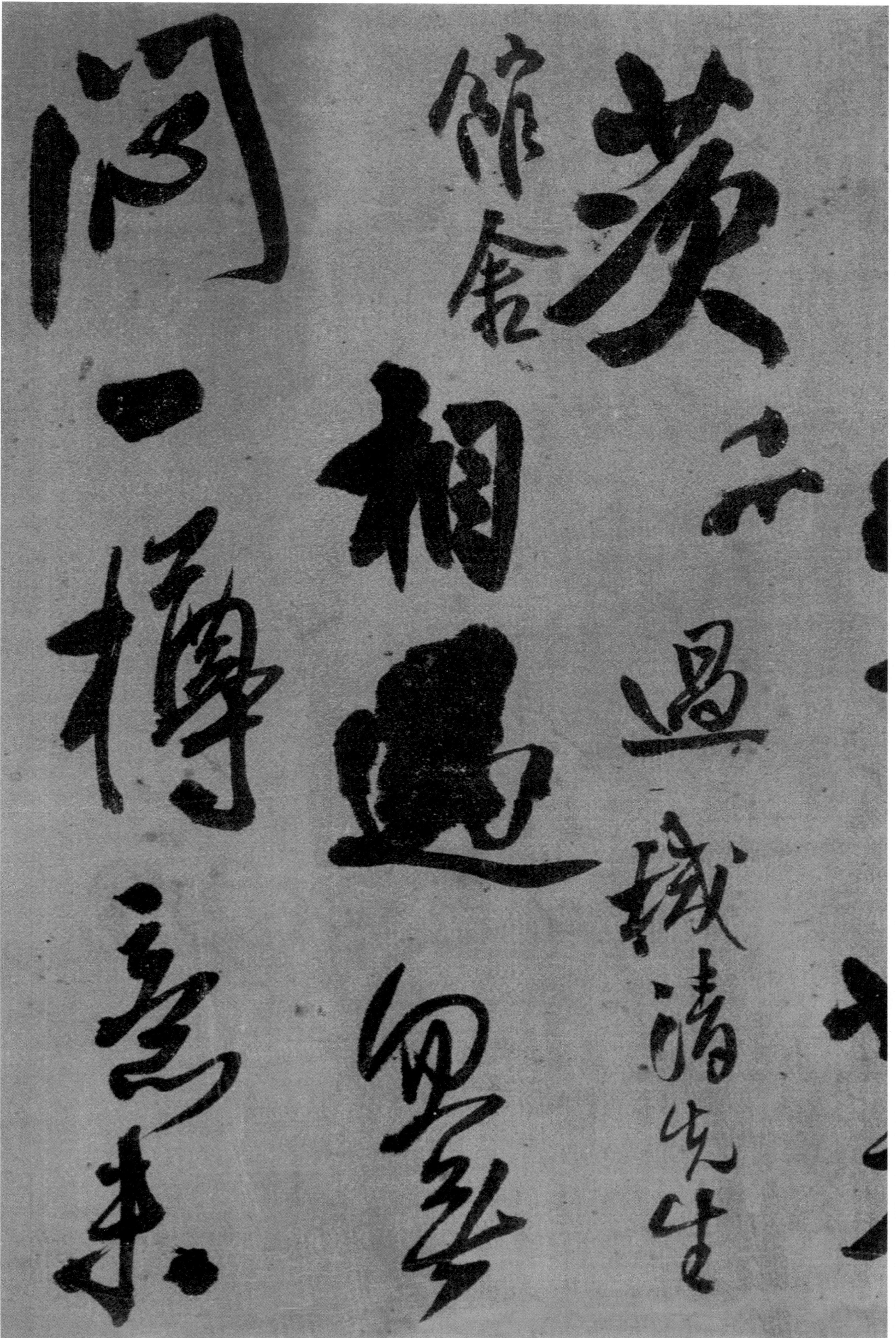

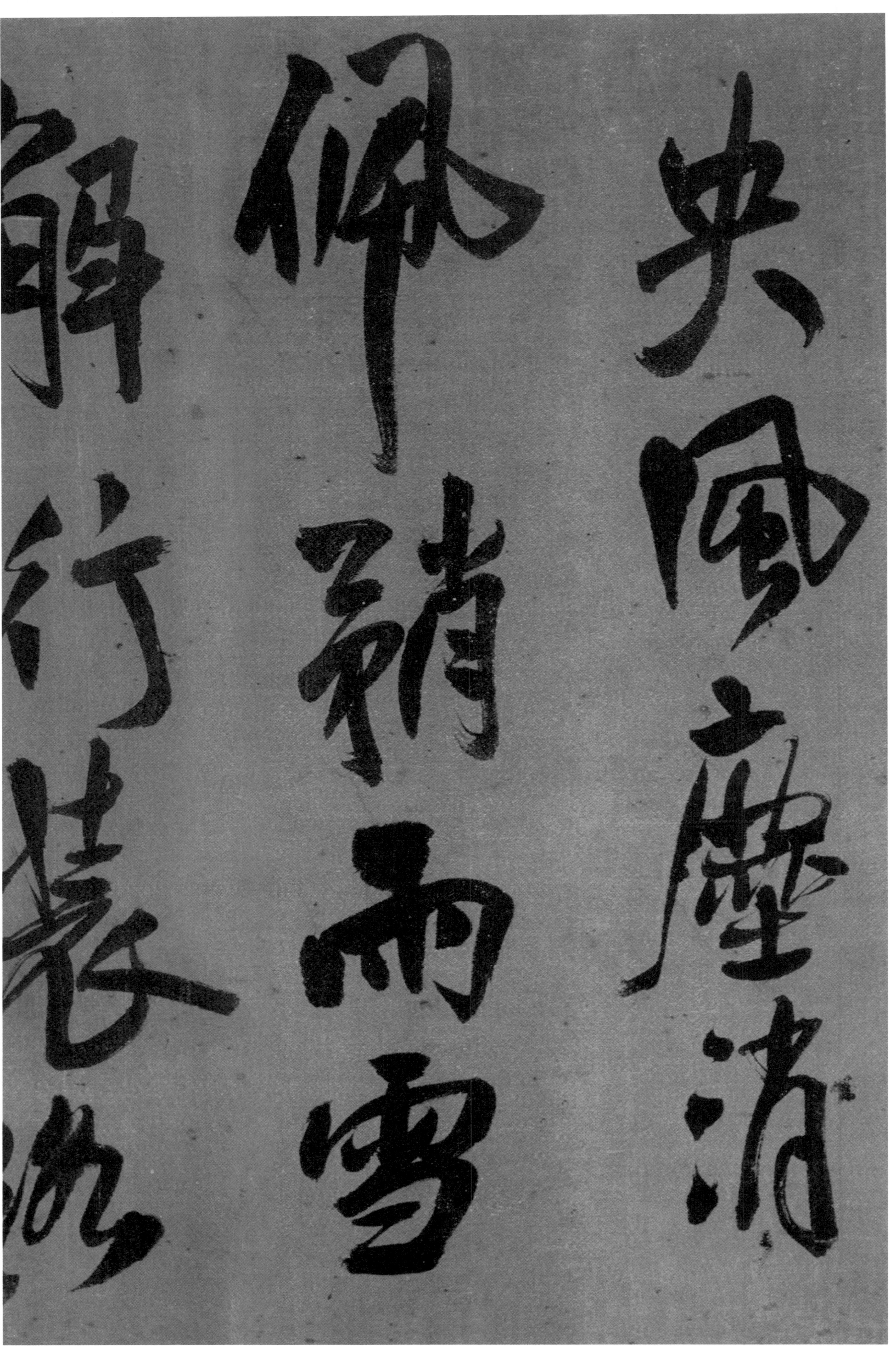

央。风尘消佩稍，雨雪

解行装。路接鸿沟

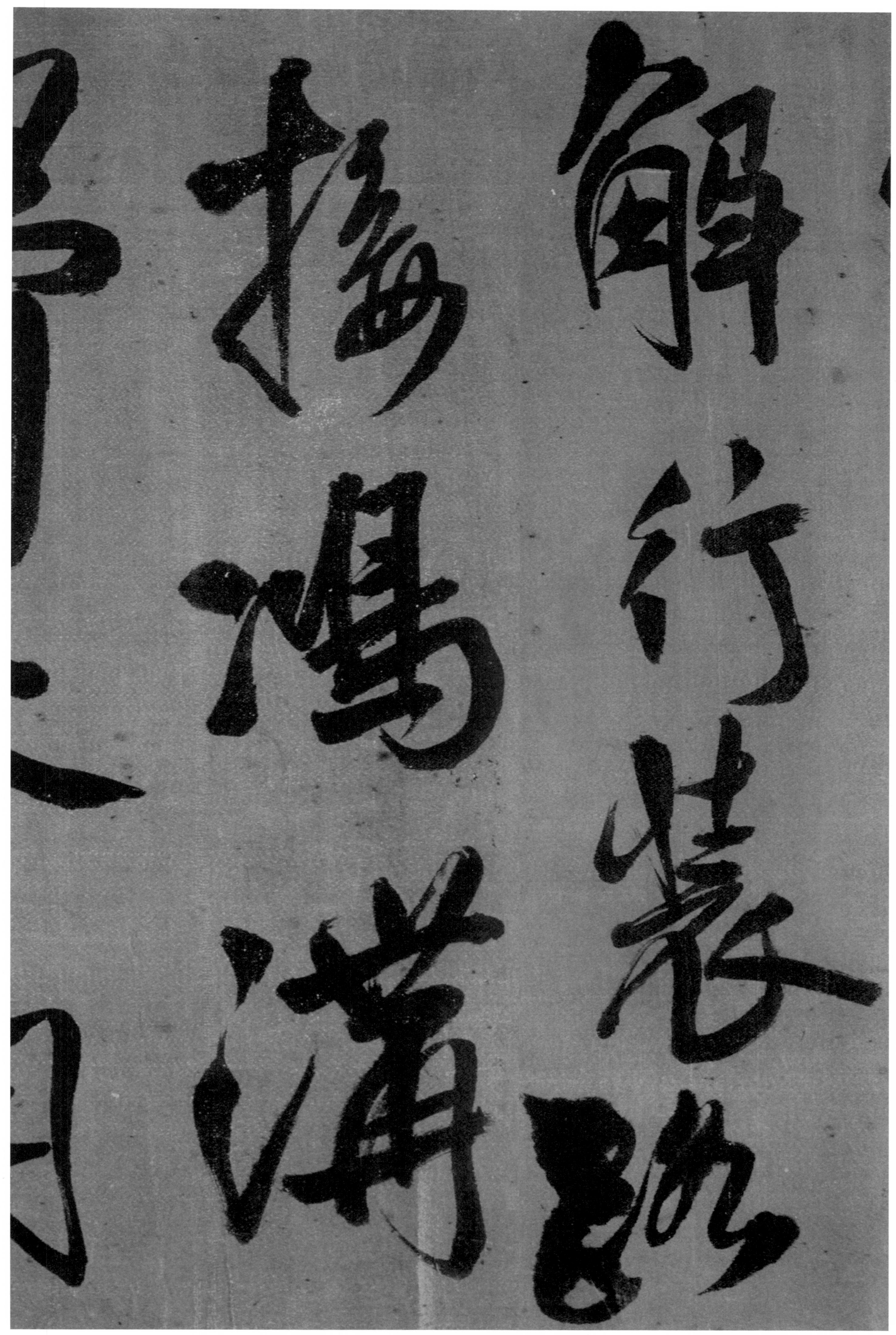

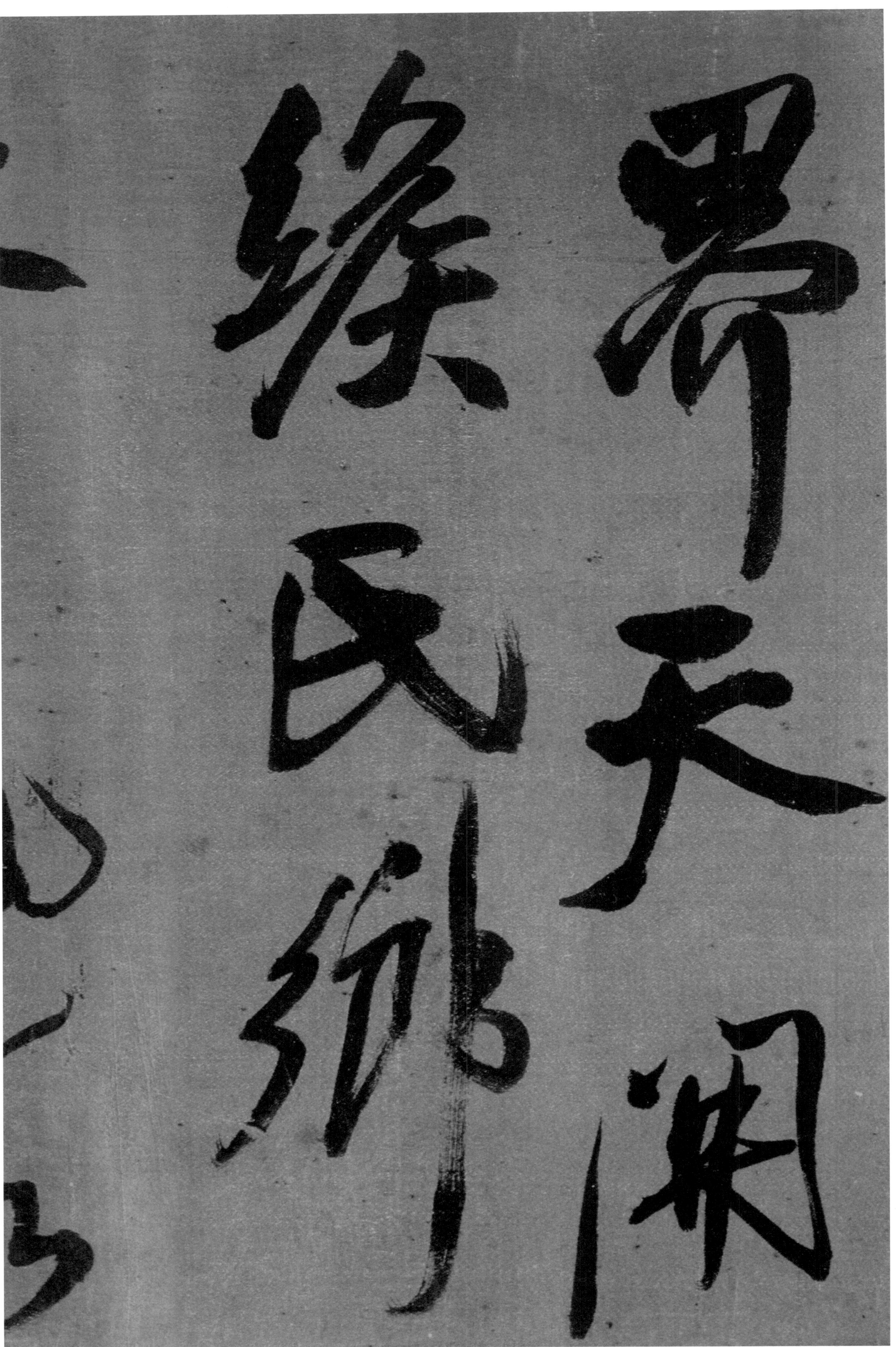

界，天开缑氏乡。

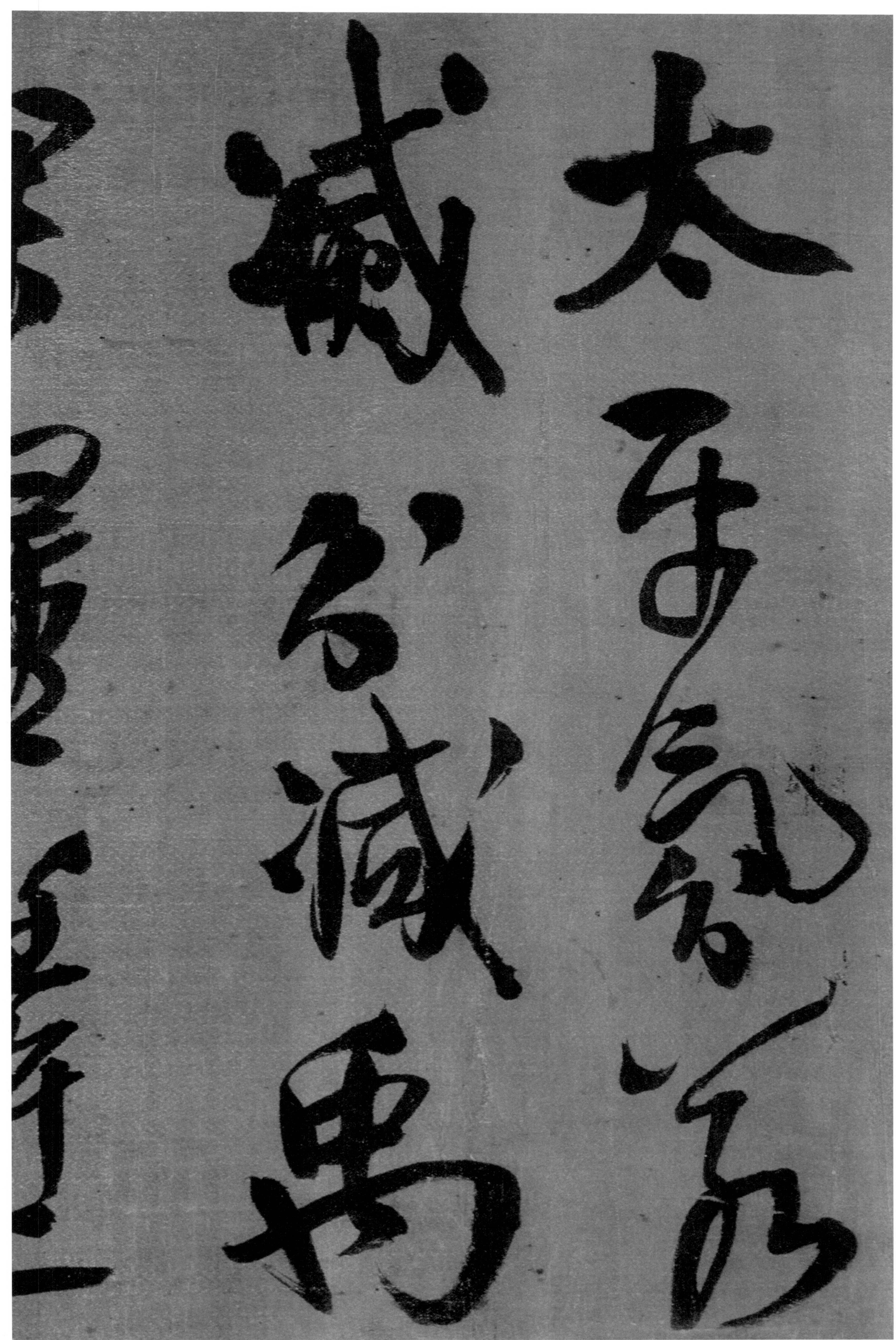

太平氛若灭，分减禹

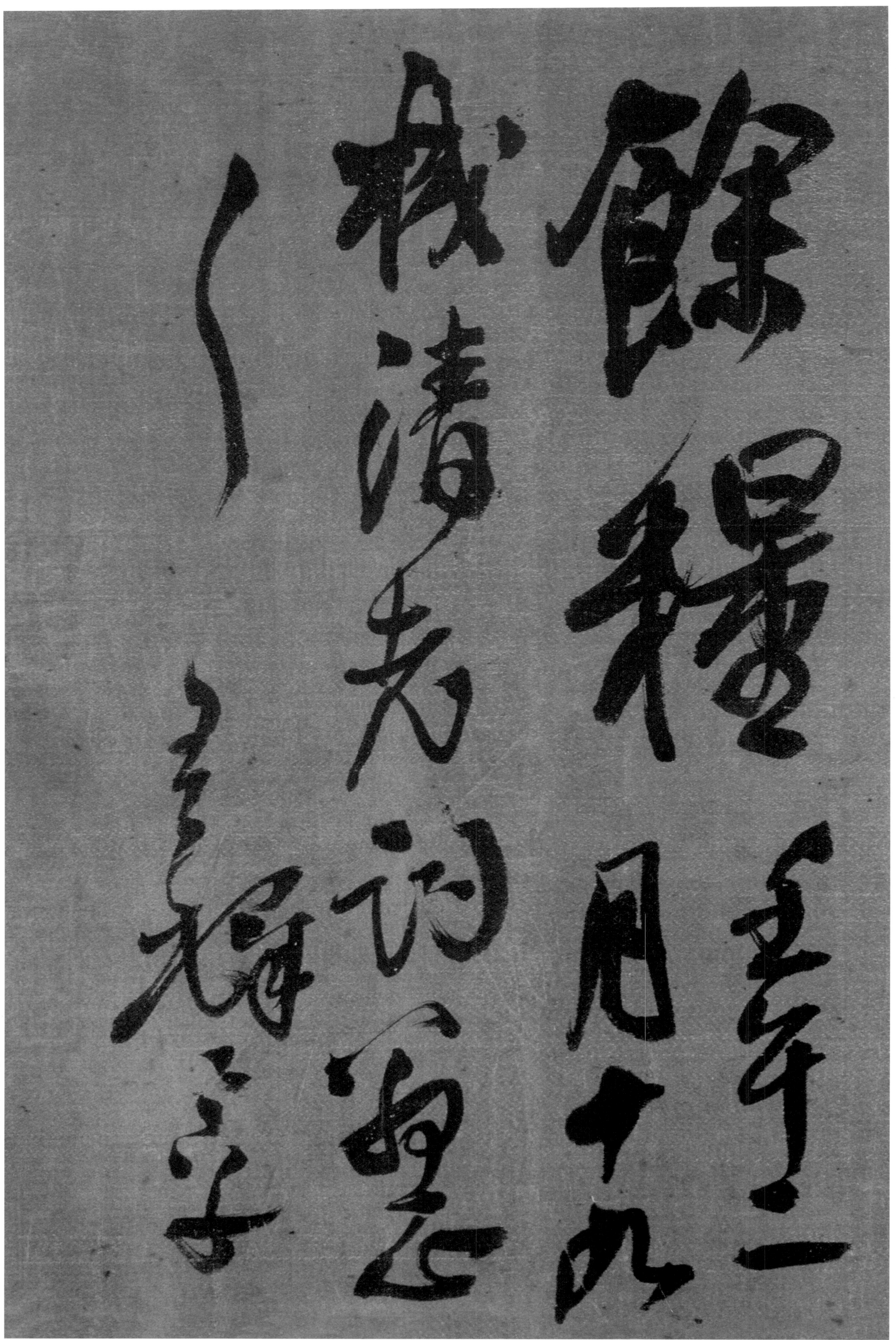

余粮。壬午二月十九。樾清老词翁正之。王铎具草。